U0736301

精益制造012

BOM物料管理

图解生产实务

図解でわかる生産の実務
BOM/部品表入門

[日] 佐藤知一 山崎诚 著 刘波 译

人民东方出版传媒
People's Oriental Publishing & Media
東方出版社
The Oriental Press

图书在版编目（CIP）数据

精益制造. 12，BOM 物料管理／（日）佐藤知一，（日）山崎诚 著；刘波 译. —北京：东方出版社，2013. 1
ISBN 978-7-5060-6013-4

Ⅰ. ①精…　Ⅱ. ①佐…　②山…　③刘…　Ⅲ. ①制造工业—工业企业管理—物资管理　Ⅳ. ①F407. 406

中国版本图书馆 CIP 数据核字（2013）第 012210 号

精益制造 012：BOM 物料管理
（JINGYI ZHIZAO 012：BOM WULIAO GUANLI）

作　　者：［日］佐藤知一　山崎诚
译　　者：刘　波
责任编辑：崔雁行　高琛倩　周春芳
出　　版：东方出版社
发　　行：人民东方出版传媒有限公司
地　　址：北京市东城区朝阳门内大街166号
邮　　编：100010
印　　刷：北京明恒达印务有限公司
版　　次：2013 年 2 月第 1 版
印　　次：2022 年 12 月第 11 次印刷
开　　本：880 毫米×1230 毫米　1/32
印　　张：9. 375
字　　数：211 千字
书　　号：ISBN 978-7-5060-6013-4
定　　价：68.00 元
发行电话：（010）85924663　85924644　85924641

前言

BOM 为什么会成为问题

从现在开始，我想和大家一起以 BOM 为中心围绕构建物料管理机制进行学习。

有句话说，制造业的经营资源是指“人员、物料、资金”，如何恰当地分配和利用这些资源是企业经营的最大课题。 合理利用人力资源确实很难，另外资金处理也是一项非常重要的工作。

但是，关于物料，似乎任何一家企业的经营管理层都没有把物料管理问题放在心上。 企业设有财务负责专员和人事主管专员，但设置物料主管专员的企业却闻所未闻。 大家似乎认为只要产品设计图完成，产品就会自动经工厂发货大门送达消费者手中。至少直到现在，把物料管理作为一个正式课题，进行统一组织并研究讨论的企业并不多。

只要是物料，总归会有办法。即使处理，也不会有人发牢骚；即使搁置不管，物料的数量也不会增加或减少……这种情形难道不是很常见吗?

但是，一旦深入制造业，对实际工作展开调查，我们就会发现，无论什么环节都离不开物料。大家往往有着相似的烦恼，就是“物料有很多，但是找不到需要的物料”。

“找不到”是指现有所需的物料数量不足，这种情况最常见。此外，尽管物料有库存，但是找不到；或者需要马上进货，但是却不了解情况。问题多种多样，但归根结底是因为物料的需求（使用）和供应不一致，也可以说因为企业工厂的供应链运转不良所导致的。

关于物料的烦恼，另外还有例如定价高、品质容易恶化、保管场所等各种问题，但最大的问题是找不到需要的物料。我把这个问题设定为“物料管理的中心问题”。

这种现象是因为量多类杂的物料在企业中处于随意闲置的处理状态而发生的，也就是企业的多部门机制自身的问题。

与此相比，可以说物料的价格、保管场所等其他问题应该能以部门为单位，从技术角度来轻松解决。

再进一步追溯问题的根源，日本制造业长期处于对物源不足的市场采用预计生产方式来供应的背景之下。厂家设置的物料管理机制是为了应对需大于供的状况，所以采用少品种大量生产的模式。但是，今天已经步入商品过剩的经济时代，现实情况要求迎合消费者需求的生产模式。产品种类持续增加，预计生产和订单生产在同一企业的供应链中同时并存。

此外，近年来企业合并、制造部门单位统一和削减等现象促使物料管理的中心问题变得越发复杂起来。

这个问题跨越企业的多个部门，关系错综复杂，我们应该从什么地方入手解决，相信大家一定感到有些茫然。其实，BOM 恰恰是解决这个问题的线索。因为构建正确的 BOM，不仅可描述某种产品从什么物料衍生而来，还表明这个产品是怎样生产出来的。BOM 相当于制造业的 DNA，它反映了与这种产品相关的工厂的供应链本身。进一步讲，BOM 由多个部门联手制作，与多个部门的应用均存在关联，所以 BOM 还承担着一种沟通作用。

当物料管理发生问题时，我们一定能从 BOM 中找到问题。如果 BOM 本身不正确，BOM 信息的传递可能就无法顺利进行。总之，与前沿医学运用遗传因子分析正确诊断疾病的道理相同，我们只要在正确构建 BOM 的基础上，绘制各种图表，学习分析方法，就能够准确和客观地掌握工厂的现状和问题。

“首先，请让我看看贵公司的 BOM。这样我就能大致了解贵公司的行业、生产方式、工厂配置和管理水平等情况，甚至可能帮助大家解决现在面临的问题。”

当诊断的结果和问题明确时，我们就能进一步构建以 BOM 为中心的统一物料管理机制。经过归纳，大致分为如下 3 个步骤。

（1）正确构建现有的 BOM。

（2）分析 BOM，提出问题。

（3）改革物料供应和使用机制（物料流通）。

确保物料相关信息的连续性、某种物料具体指什么，这些需要在企业内部获得共识。此外，与物料相关的必要信息必须能从 BOM 追溯找出。通过实现这些机制，就能正确传输 BOM 信息。与此同时，只要改善各部门的物料供应和使用方法，最终 BOM 必将趋于平衡。这样一来，就能避免突发性的物料泛滥和不足问题，确保生产效率。

其中，特别是第 1 步构建 BOM 作业，仅仅这一个步骤就相当于一个不小的项目。因此我准备以构建 BOM 时的注意事项为中心展开具体论述。

最近，除了财会管理，在生产管理、库存管理等领域一并引进 ERP（统一业务应用软件）系统的趋势也越来越明显。但是，ERP 的生产管理基础是以 BOM 为中心的 MRP（物料需求计划）的思维模式。请大家想一想，如果对 BOM 的理解不正确，不但无法体现引进新系统的效果，而且可能和企业的生产形态不符，使构建的系统无法发挥作用。

正在大学授课的我，以前做过生产方面的咨询顾问，曾经和很多制造业的客户打过交道。 现在我有幸为大家讲解与 BOM 基础相关的知识，出于让大家了解 BOM 重要性的考虑，前面的描述可能有些冗长。

无论如何，通过这些知识，如果能为实现“物料管理改革项目”这个贵公司的重要任务贡献一份绵薄之力的话，我将感到无比荣幸。

目录

开篇

Q　贵公司配置 BOM 了吗

在讲述 BOM 的时候，我想以“问答”的形式进行。首先，就与 BOM 相关的问题向大家提问，一个主题分成若干问题，逐个交给大家思考。主要是关于 BOM 在各位所在公司的构建方法和理解方法。这既不是竞猜也不是考试，大家只要把现状原原本本地回答出来就行，并且答案不是唯一的。我想在与大家问答互动的基础上，就每一个主题分别进行解说。

我的问题基本上以公司的部门（或职能）为顺序。这些问题最好由贵公司相应部门的人回答。因为在这样的改革项目中，对客观现状持有共识是很重要的出发点。

实际上，BOM 在制造业各个行业的重点和课题都是不尽相同的。历来论述 BOM 的书籍与文献给人的感觉都是以组装加工业为中心的，而生产管理方面的参考书本来就容易偏重于分离单独式生产的前提。这可能是由于日本人对经营学的关注点集中在电机、汽车等现代日本代表性的出口行业上。

可是，BOM 观点本身应该适用于更广泛的制造业。我听说贵公司也有机械事业部、原材料事业部和接受特殊机械订购生产的特殊机械事业部 3 个部门。在这 3 个部门中，BOM 的应用都有着各自的特点。所以，我会尽量引用不同行业的事例进行讲解。其中，如果有以贵公司为例的参考例子的话，将会更有帮助。

首先，我提的第一个问题是，贵公司配置 BOM 了吗?

——是的，当然!

是嘛，谢谢！请问你属于哪个部门？……是设计部，好的，如果由设计部的人回答关于 BOM 标准技术信息的问题，我就更有把握了。下面我想再请教一个问题，请你告诉我 BOM 在日语中是什么意思?

——是零部件表吧。

好的，谢谢你的明确回答。可能一般人对这个问题的回答都是“BOM 就是零部件表”，而且生产管理类教科书里也是这么写的。

不过我有一个习惯，不管什么事都喜欢回过头来追究

“本来论”。对于“零部件表”这个词，我也想停下来仔细思考一番。

但是，如果我说有的行业有 BOM，却没有零部件表，大家相信吗？其实，这种行业是存在的，比如制铁、化学、医药、化妆品、食品、饮料、玻璃、塑料成型、金属材料、纤维、服装、出版等等。很多行业不使用“零部件表”一词，因为在这些行业中，生产过程虽然涉及原材料、物料、素材等，但却没有“零部件”的概念。

这一点看似乏味，但是很关键。BOM 本来是英语的“Bill Of Material”，意思是物料表。“物料”是一个包括零部件、素材、原料、物料、资材、半成品、零配件，即到成品之前的所有构成的一个用语。我从前面开始一直使用“物料”一词的外来语就是出于这个原因，也就是说“BOM 是描述物料数量关系的一览表”。顺便提一句，英语中的“Bill”一词指明细表或一览表，餐厅服务员在每张餐桌上扣着放的账单也是“Bill”。前一段时间，我和朋友在旅行地想喝杯啤酒时，曾操着一口日式英语朝服务员比画“Beer，Please”，当下就有一个服务生拿着账单走过来。

但是，那张账单的确是一张列有产品和消费数量的清单，所以这不是开玩笑，而是真正的 Bill Of Material。它是根据一桌顾客的实际消费情况临时开出的产品 BOM，稍后我将对此进行说明。那张账单和企业物流部门使用的物料提货单没有任何结构上的差异。从 BOM 的观点来看，产品差异或零部件差异只是相对的，关于这些内容我准备逐一说明。“BOM 就是零部件表”的看法的确比较片面，我的意思大家明白吗？

那么，如果从物料管理改革的观点出发考虑重建 BOM，应该把 BOM 从单纯的零件表（物料清单）作为更广泛的概念来理解，也就是说 BOM 的概念分为狭义的 BOM 和广义的 BOM。上面描述物料数量关系一览表的定义实际上指狭义的 BOM。

那么，广义的 BOM 是什么呢？

其定义是“与以物料主要数据为中心的产品结构和生产工序相关的标准信息，以及由此派生的历史信息（图 1）”。

广义的 BOM 是在狭义 BOM 的基础上，由物料主要数据、工艺路线（工序表）主要数据、设计图纸、生产指令和生产实绩报告等历史信息构成的，与物料相关的庞大信息体系。其中，工艺路线最重要，它与狭义 BOM 之间存在表里关系。由于工艺路线中有时间和资源信息，所以，它是控制物料供应链的必不可少的信息。

此外，在这个广义 BOM 体系中需要对狭义 BOM 从哪儿产生（像 DNA 一样），在哪儿复制和传输，又在哪儿作为产品被赋予具体实质的过程进行整理。

可能大家觉得有些抽象和难以理解，但是，随着我们一步步深入这个课程，相信大家会逐一理解。此外，为了区别起见，我在后面的讲述过程中提到广义的 BOM 时都会使用

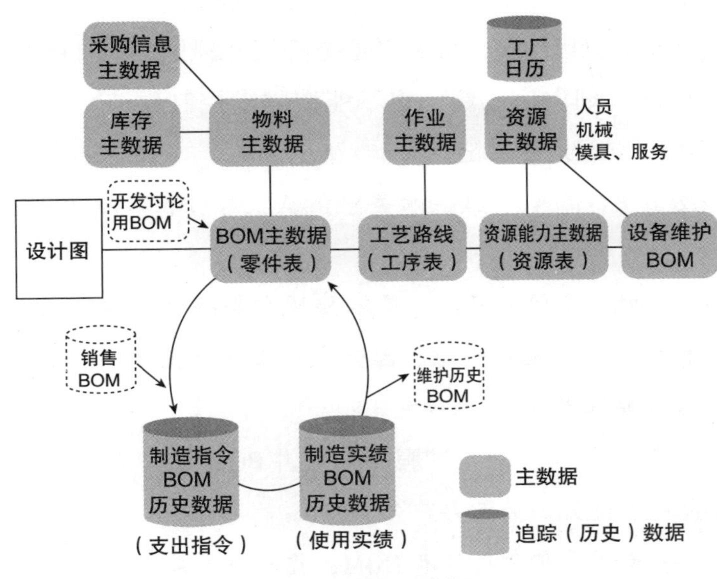

图 1　广义 BOM 的范围

“广义 BOM”表述。在没有特别指明的情况下，我提到 BOM 时都是指狭义的 BOM。

Q　配置 BOM 的目的是什么

接下来请大家思考一个问题：BOM 为什么是必要的？贵公司配置了 BOM，那么，配置 BOM 的目的是什么？

——是因为没有标准零部件表就不能分配物料，难道每次都要询问设计部准备使用什么，用量是多少吗？这个问题不是明摆着的嘛。

的确，请问你是哪个部门的？ 哦，是生产技术部。 从生产技术部的立场出发，BOM 的必要性显而易见。 没有标准就不能根据计划供应物料，也不能按需求控制供应。 所以，BOM 是物料管理的关键。

接下来，问一下维护服务部的人，“BOM 还有其他的用途吗？”

——哦，是问我吗？如果不知道零部件的用途，后续进行维护作业时就无法追踪。因为在什么产品上使用什么零部件最后都要根据 BOM 来确定。

确实是这样。 对维护服务部来讲 BOM 是必需的。 那么其他部门，比如财务部会怎么样呢？

——如果我们部门没有 BOM，就无法计算产品成本。

的确，计算各种产品的成本时显然需要用到 BOM。 这一点相信销售部的人也同意吧？ 如果不知道产品成本，就无法定价。 销售人员怎样认为呢？

——定价也是一样的，特别是产品选项构成。如果说我们销售部和 BOM 相关，首先不可能只销售标准规格的产品。那么，客户要求的产品规格由什么配件构成、怎样组装等，如果我们拿着这些问题一个一个去问设计部，就没法工作了，所以通常需要由我们自己考虑大致的模具结构后拟订报价单，而且像刚才财务部提到的那样，根据 BOM 降低各选项配件的价格。最好连交货期也能由我们自己估计。总之像特殊机械事业部那种完全订购生产在我们这儿行不通。

设计部的人怎样认为？

——与其说 BOM 是否必要，不如说因为我们是制作设计零件表的部门。所以，从 BOM 是否必要这一点来讲，因为其他部门使用 BOM，他们需要在设计图的基础上选择零部件数量。而我们部门在设计新产品时不但会再次使用设计零件表，而且零部件通用化也是公司布置的课题任务，从这层意义上讲我们部门也需要 BOM。

明白了，谢谢。这样看来，如果问哪个部门需要 BOM，可以说几乎所有的部门都需要。

但是，每个部门对 BOM 的需求存在细微差别也是事实。设计部是为了设计零部件或再次使用设计图；生产技术部为了工序设计；生产计划部为了调度和分配；采购部为了采购安排和支出；制造部为了补充和发货；维护服务部为了售后服务和产品追踪……

所以，即使在一家企业中狭义的 BOM 也容易出现几种不同的状态。如果放手不管，BOM 的种类就会随意增加。

但是，我想问一下，各部门从公司现有的 BOM（广义 BOM）中能正确提取刚才大家提到的所有必要信息吗？通过浏览 BOM 表，财务部的人能否了解标准单价，维修保养部的人能否了解零部件的用法，物流部的人能否了解包装材料的用量。

如果大家的回答是“不能”，就说明现在的 BOM 不能完全满足相关部门的使用目的。我讲课的要点就在这里。

在制造业中，广义的 BOM 是物料管理中必要的信息共享集线器，而且，所有必要信息应该能和 BOM 构成关联，并从 BOM 输出。我们必须在企业中确立这种录入和维护体制（图 2）。这是跨部门和跨功能型的业务流程。

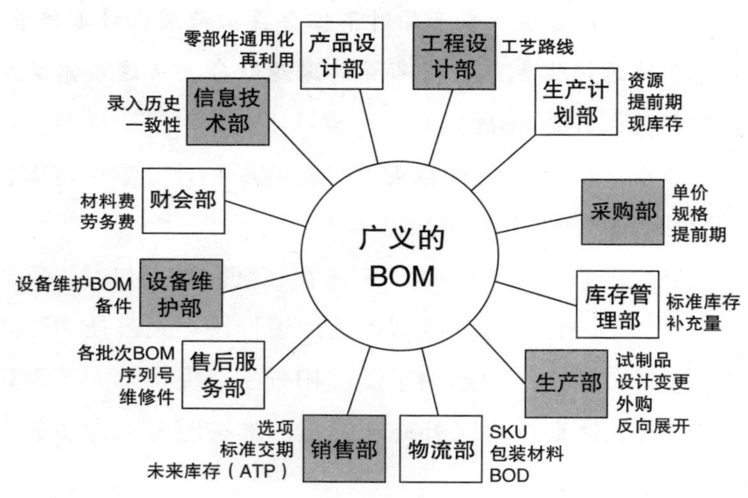

图 2　等同于信息集线器的 BOM

顺便提一下，听说在本次贵公司的项目中，由信息技术部的人成立了事务局，这应该是一种跨功能型机构。但是，BOM 的问题应该比 IT 技术更偏重于客户应用，这一点希望大家理解。

此节的主要目的是明确企业各职能部门使用 BOM 的目的，以满足该条件为内容来设计 BOM 结构。因此，我想从设计部开始，采用问答形式对与各部门相关的 BOM 的作用和功能展开论述。

Q 配置的 BOM 有哪些种类

接下来的问题是配置的 BOM 有几种，我想请信息技术部的人来回答。

——这个问题不太好回答……怎么说呢，我们部门能在这里，也是认识到比如怎样统一、怎样调整 BOM 零部件表是一个大的课题。如果问我们配置了几种 BOM，我想部门负责人需要清点一下办公桌上由自己负责维护的 BOM 表，数量应该不少。

其实我提这个问题并不是想讨论贵公司有几种 BOM，询问 BOM 的数量并评论好坏与否没有什么意义。 假设一个公司配置了多种 BOM，那是每个人出于推动工作进度的需要，从某种意义上讲是不得已而为之的。 因为不管什么工作都必须经历一些过程。 不过，我的意图只是想让大家从客观角度出发冷静地了解现状，因为认识事实是所有改革的出发点。

——明白了。包括个人数据在内有几种 BOM 我不太清楚，但是有一点可以肯定，设计零件表和生产零件表是正式的，所以正式地讲有 2 种。

2 种？ 这应该还不够。

——不够？您的意思是……我在这个物料管理改革讨论组中一直主张部件表应该统一，我的想法有误吗？

不，你的观点是正确的。 如果因为设计零件表和生产零件表重叠引起不便，就应该统一。 但仅仅统一还不够，因为统一的 BOM 主数据通常不能完全涵盖生产部和维护服务部的需求，而 BOM 数据中没有交易数据（Transaction Data）的位置。

从事 IT 业的专家应该很清楚这个问题，BOM 基本上就是“数据”。数据就是按照规定形式排列的数字和文字。只要是形式化结构，即使不在电脑中储存也可以，这就是数据。如果是储存在人脑中的“信息”，或还处于黑板标注的“草图”阶段，就不能称之为数据。

那么，数据基本分为 2 种，这就是主数据和历史数据（交易数据）。BOM 数据当然也分为这 2 种。

“主数据”如字面意义所示是指标准数据，是录入的产品构成的“应有状态”。换句话讲，就是作为“库存”保管的数据，而且主数据经过录入后不必每天重复变更。

与主数据相对，历史数据是“流程”数据。它最重要的作用是在恰当的时机传送至正确的对象，所以历史数据使用后废弃的情况比较多。它的特征是即使临时保存，也需要每天不断地补充积累。

打个比方，主数据是公司的员工名单，交易数据是员工每天的考勤登记。企业员工名单确定某人属于哪个部门，该部门共有多少人。与之相对，员工考勤登记根据员工的出差和休假情况每天变化，是当天的实际办公人数。

主数据内部必须符合逻辑一致性。例如，A 氏属于人事科，人事科的成员中就必须包括 A 氏。

与之相对，在交易数据——员工考勤登记中，本来属于人事科的 A 氏，因工作需要于某一周临时借调到总务科。交易数据是指这种积累临时或经时变化的历史信息。因此，只要仔细观察交易数据的内容就会发现，交易数据并不是自始至终都统一的。也就是说交易数据根据当时的状况不同，其内容随之变化。

BOM 遵循的原始数据是企业生产和消耗的物料主数据，通常被称为“物料主数据”、“项目主数据”或“零件主数据”等。录入 BOM 的产品不一定在这个物料主数据中录入。

如前所述，BOM 数据本身分为主数据和交易数据。

按字面意义所示，BOM 主数据是作为 BOM 标准的数据，在该主数据中录入与产品和零部件相关的“应有状态”。例如，产品 X 应该由几个零部件 Y 和 Z 构成，零部件 Y 应该由几个物料 U、V、W 构成。一般情况下提到 BOM 时，我们应该联想到这种数据。

那么，BOM 的交易数据具体指什么呢？打个比方，是指单件订购或生产指令中附带的指定零件物料单。与订单号、指令编号关联的 BOM 和主数据指定的“应有状态”的 BOM 不同。例如，因物料进货滞后发生紧急情况，或接到改用替代品的指示，或为应对客户要求的特殊规格改变该订单 BOM 构成等情况。请大家回忆一下前面员工名单和考勤登记之间的关系。

此外，当产品设计本身变更时，变更前的 BOM 与变更后的 BOM 不同。只要通过产品的生命周期积累交易数据，就能找到历史痕迹。

从这些观点来讲，交易 BOM 数据可以进一步分为指示 BOM 和实绩 BOM。相信大家能理解这一点。

"指示 BOM"具体是指生产指令和原材料支出指示中附带的有形物料清单。现在用来指示使用什么物料、需多少用量投入生产。

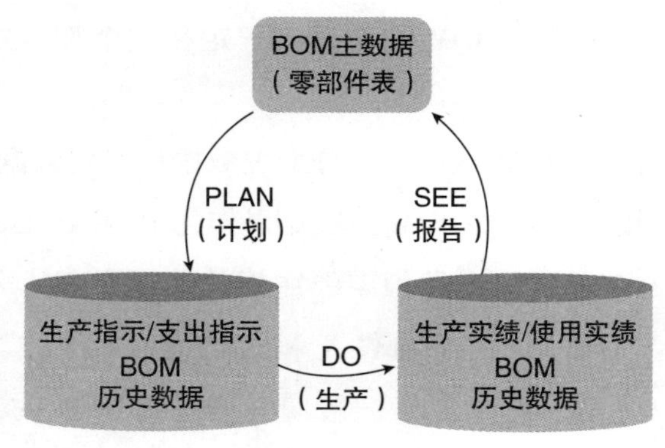

图 3　三种基本 BOM

与此相对，"实绩 BOM"是记录实际使用什么零部件和物料、多少用量投入生产的物料清单。它和指示 BOM 构成一组。这些记录用于根据产品序列号、批量号计算已用零件和物料的批量追踪等。

因此，可以认为企业一般至少需要 3 种 BOM（图 3）。

（1）主数据 BOM。是根据产品设计和制造工序的要求确

定的标准信息。高于标准时，应在同一企业内统一 。

(2) 交易数据指示型 BOM。是生产指令和支出指令上附带的清单，通常和主数据的内容相同，但因生产和物料采办等原因发生部分变更的情况也不少。

(3) 交易数据实绩型 BOM。与 (2) 构成对比。内容相同，但因生产现场状况或成品率等也存在差异。

3 种 BOM 由 Plan（计划）—Do（生产）—See（报告）循环连接。

这些是标准的 BOM 分类，但在实际情况中因各种具体运用会发生不同变化（图 4）。

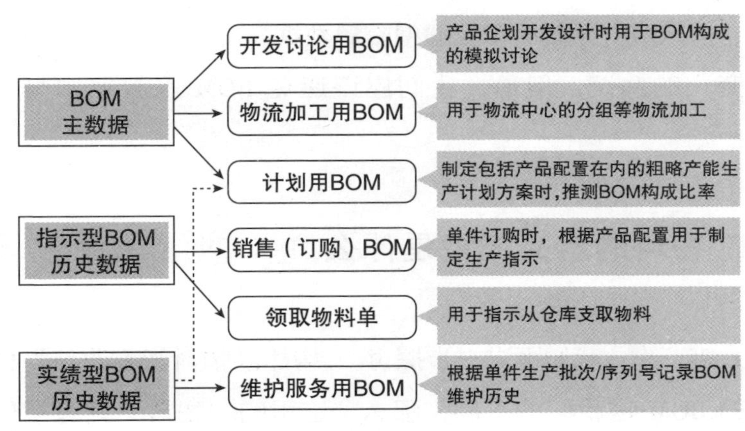

图 4　BOM 的用途变化

例如，即使主数据 BOM 本身统一，但因产品开发的目的需要对 BOM 的构成进行模拟讨论。 此时，需要分别配置

BOM 主数据和其他开发讨论用 BOM（内容也是主数据）。

此外，指示型 BOM 还会进一步派生。例如，在允许产品配置组合，即客户指定规格的订单生产业中，销售部向工厂发出订购单位的 BOM 指示。工厂方集中多项订单后投入生产，所以，这种 BOM 和工厂下达具体指令的 BOM 不同。

但是，请大家不要混淆这些 BOM 用途的变化和主数据 BOM 本身多重并列的情况。有时，有些公司因为企业的物料主数据不统一，分成设计 BOM 和生产 BOM。只要对主数据叠加管理，出现数据不统一矛盾的可能性就会增大，应当避免这种情况。

总结上述内容，构成 BOM 数据的基础有 3 类：统一主数据、指示型交易数据和实绩型交易数据。在此基础上还有突发变化的情况，但是，我们应该避免 BOM 主数据本身不统一。

Q　物料的定义究竟是什么

接下来，我们再进一步探讨。构建以物料管理改革为目的的 BOM 是我们的主题，那么，这里的“物料”究竟指什么？请刚才设计部的那位朋友先回答一下。

——物料在英语中不是“物质”或“物体”吗？

有道理。不过，“物质”是指二氧化碳、铁、聚乙烯等理化词典中的抽象存在，用来指贵公司的产品等具体事物似乎不太合适。旁边的那位朋友，你认为呢？

——我觉得是指基础系统中的“项目主数据”一词中的“项目”。

有道理，不愧是信息技术部的人给出的回答。

那么，我想问一下，贵公司的项目主数据中有没有提供外购的“服务”类主数据？可能你觉得这个问题问得有点奇怪，其实，即使在著名的 ERP 软件（企业资源计划方案）中也存在购买对象“项目”和外购对象“服务”的主数据相混合的情况。

我想贵公司应该也采用外购形式，那么，支出物料的外购品和由外购方自行筹办物料的外购品之间有什么区别呢？实际上前者购买的是加工服务，后者购买的是物料，对吗？

经济交易对象	具体性	库存可能	销售
物料	作为具体的物体而存在	能库存	所有权转移
服务	提供具体资源	不能库存	允许使用权（占有）
信息	只有抽象“意义”（需要借助媒体）	不能库存	允许使用权（不占有=即使交给他人，本人依然持有）

图 5　物料、服务、信息

物料在制造业中是买进卖出的中心，不仅在制造业，就连一般经济活动中买进卖出的对象也分为 3 类，即“物料”、“服务”、“信息”。所以，当思考物料是什么时，了解物料和其他 2 类——“服务”和“信息”间的区别是一条捷径

（图 5）。

（1）物料

物料是具体的事物，它能和其他事物区别，数量可数可量，还能占有和保管。此外，物料的所有权本身可以买卖。

（2）服务

服务一般指提供某种资源（人力资源、设备资源）。比如提供加工劳动力、租赁机械设备、租住宾馆客房等都属于服务。因此，服务的等价报酬通常指根据资源单价计算占用时间的金额。销售的对象是使用权，所以服务的特征是不能“库存”。

（3）信息

设计工作的产物是信息，这是一个典型的例子。研发工作也一样，研发产出的信息是纸质媒介上记录的设计图。建筑事务所等通过出售设计图获取等价报酬，他们销售的对象不是纸这种材料，而是纸上记录信息的价值。出版业和音乐 CD 产业也是一样，他们销售的对象不是纸和 CD 等材料，而是其上信息的使用许可权。而且信息无法转交所有权，知识也一样，即使某人和其他人交谈，知识仍然留在本人的脑海里。

大家都知道，区别物料和其他对象的要点是“库存”。能够库存的是物料，反之，服务和信息不能库存。因此，采用某种形式管理的库存物料对象就是录入 BOM 中管理的对象。如果不能充分理解这个区别，就会在狭义 BOM 中录入错误的服务或信息项目。

可能有人会想，这么抽象的论述和我们的经营课题有什么关系呢？ 那是因为大家现在任职的企业有自己下属的工厂。

世界上有一种企业本身不设工厂的“无生产线厂家”。在最初按无生产线模式运行的企业中，有一部分是因为财务问题解雇员工，将工厂移交他方经营从而形成无生产线厂家的企业。 那么，这种行业的 BOM 应该怎么设置，大家有没有考虑过这个问题？ 设计产品、分配原材料，但企业本身不从事制造的无生产线厂家实质上是一种购买加工服务和销售产品的公司。 但是，因为设计在本企业进行，企业掌握详细的 BOM 信息并以此为基础制定计划。 所以，无生产线厂家购买的绝不是“生产外购”的物品。

总之，制造业就是通过加工和提供物料获取利润的企业。 如果不列入“加工”二字，单纯的销售业也可以归入制造业。

而且在制造业中，不管什么作业，物料、资源、信息 3 种输入缺一不可，即原材料、机械装置或作业者、指示书或规格书 3 种。 此外，作业的产出是生产成品、半成品、加工品的物料，开放占有资源，重新输出实绩报告等信息（图 6）。

狭义的 BOM 是指用数量记录输入作业中的物料和输出物料之间关系的清单（这里所说的“作业”不仅指生产作业，还包括检查、包装、运输等作业在内）。 某个作业的输出物料

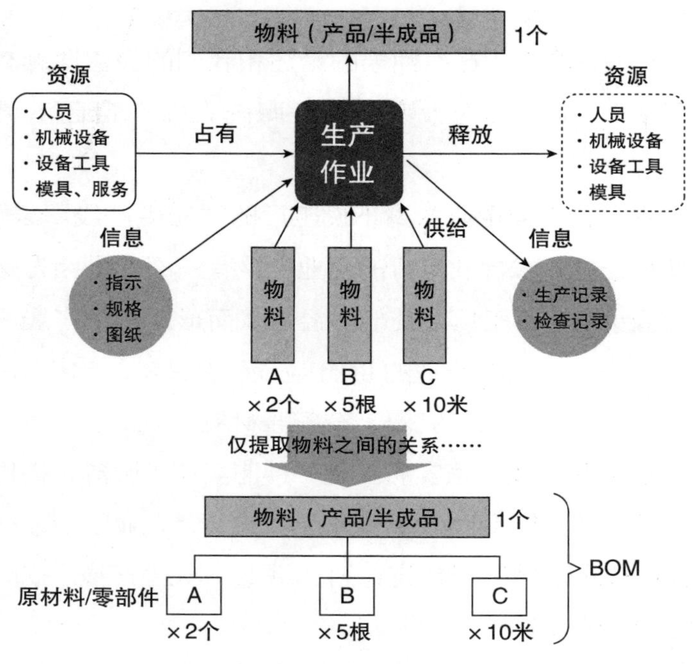

图 6　BOM 和生产作业的投入与产出

成为次工序作业的输入物料，以此建立制造业中的供应链，这就是 BOM 层次的意义。

因此，通过调整 BOM 结构，将为“在需要的时间找不到需要的物料”这一物料管理的中心问题找到解决的思路。大家明白了吗？

接下来，让我们一步步进入各个论题。

第 1 章
用于产品设计的 BOM

Q　企业的产品编码是否统一

——是的，我们部门准备统一。产品编号由我们设计部在开发产品时添加，产品名称由营销企划部命名。一个产品系列的标准件设一个编号，剩下的用末位号码（Suffix Number）管理。标准编号有产品的分类体系，按 4 个层次分类，含连字符在内构成 12 位编码。但是，如果包括末尾号码在内整体位数太长，所以，工厂下达生产指示时一般使用产品名。生命周期长的产品只有中途出现较大规格变更时才改变编码，但这不限于我们机械事业部，原材料事业部也采用同一种操作方式。什么？您问特殊机械事业部的订购品吗？我想那应该属于生产编号管理。

统一产品编码是构建 BOM 的大前提。 广义 BOM 的核心是包括产品在内的物料主数据，因为它以产品编码为基础，是录入各种属性的账簿。

企业间进行沟通时，因为只称呼产品名引发的不便当然不用说，正确准时地传达各部门间沟通时使用的联系文件，如生产指示、订购联系单、发货指示等是很关键的。 这些联系文件最初可能只是根据产品所做的记录，但随着产品数量不断增加，生命周期长的产品中途出现局部变更或派生出姐妹产品时，仅根据产品名称是难以区别的。 在随意省略或衍生出代号前，应该给产品标记统一的编号。

具有统一性是指企业的所有部门采用同一种编码、命名同一种产品的意思。 我想大家能够了解不同部门采用不同编码命名同一种产品的不合理性。 尽管这样，同一家企业的某些下属部门间沟通时使用产品名，与其他部门沟通时使用不同编码的情况屡见不鲜。

为什么会出现这种情况？ 因为业务内容不同，产品区别的目的和粒度（精细程度）也有所差别。

以饮料厂为例，即使同一款咖啡饮料，也分为罐装、瓶装和业务用大型容器装。 在工厂生产计划中当然会区分罐装和瓶装，即使瓶装，也有 200mL 瓶装和 500mL 瓶装的较大差别，因为二者使用的填充机械和分配容器不同。 在物流发货业务中，即使同一种 500mL 瓶装咖啡饮料，也分为 6 瓶一箱和 2 打一箱的不同规格。 另一方面，产品企划部的人对同一种 500mL 瓶装饮料也按不同设计标签的货品处理，但不过问包装箱内的数量。而且销售计划工作只需把产品分为罐装或瓶装即可，因为即使进一步细分，也无法预知市场需求。

像这样，各业务流程有着不同的目的和侧重点，其分类方法会有所不同。因此，在企业中统一产品编码是一大课题。

而且，刚才谈到特殊机械事业部的生产编号问题，不仅贵公司，现在预计生产和订单生产并存的现象十分普遍。这就使产品编码的制定进一步复杂化。

为什么？因为产品编码体系原本分为“型号”和“序列（批量）号”，人们容易将二者混淆。

“型号”指在预计生产的项目种类上添加的编号，它用于理想的设计图状态下的区分。原则上型号和 BOM 数据要一一对应。前面提到 BOM 是制造业的 DNA，指的就是这层意思。

“序列（批量）号”是对现实世界中的每一个产品（甚至同一产品群）添加的编号。电脑等电器产品背面贴着的标签就是序列号。此外，在医药品和饮料等行业中，因为给每粒药片或液体贴附编号不现实，所以在容器上标注批量号。批量是从同一种原材料群中生产的产品，原则上具备同一类的品质特征。

再进一步分析，序列号分为生产编号和补充编号。

生产编号是个别指示编号，也叫订购编号。它对应“投入生产”的指示。

与此相对，补充编号是“已产出”的单件实绩编号。在机械产品等单件订购产品中二者几乎没有区别，但在半导体产品、原料型产品等必须考虑成品率的行业中，指示数量和实绩数量未必一致，这时就需要采用补充编号管理（图 1-1）。

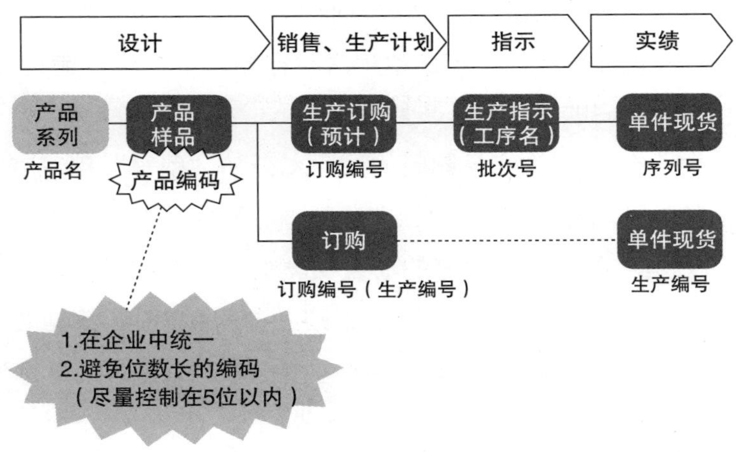

图 1-1　产品编号的种类和体系

回到前面的话题，探讨产品编码的一致性时是指“型号”的一致性。结果，型名（产品名称）是为了让用户认识和区别；型编号（产品编码）是为了让供应方能区别。产品局部设计变更时一般不改变型名，但 BOM 可能改变，所以型编号（产品编码）也要改变。

前面提到贵公司按照产品的层次分类添加产品编码。比如，是按机械产品——流体机械——泵——纵型泵的方式分类和编码吗？ 这种方式虽然应用广泛，但我个人不建议采用这种方法。

理由之一是编码位数容易偏长，编码位数长时人们就不愿意使用。 还有一点，层次分类法原本是物料世界一贯采用的方法，但实际应用起来却很困难。 分类是一种动态方式，一定不要忘记这一点。

试举一个例子说明，美国苹果电脑公司在销售一款名为“iPod”的便携式音乐播放器时是按苹果电脑的外部设备来定位的。 但随着 iPod 成为热销商品，与苹果电脑分开单独购买 iPod 的消费者逐渐增加，现在 iPod 已经成为苹果电脑公司一项重要的收入来源，它不再是外设，而是主要的产品分类。这时，如果产品编码还是外设分类，你认为合理吗？

企业是随着产品的成长而发展壮大的，发展方向有时会朝着企业意想不到的方向演变。“哎，原来那家公司过去生产过这种商品！”这种令人惊讶的例子十分常见。“分类是一种动态方式”指的就是这个意思。

那么，应该怎么办呢？ 我推荐一种更简单的方法：尽量缩短（尽量控制在 5 位以内）产品编码，按顺序编号。 如果实在想添加某种分类，就把首位改成阿拉伯字母后分类使用，例如 A1234 是一款机械产品泵，M3047 是一种原材料产品。

大家可能会想，只看产品编码，怎么辨别产品的分类和属性呢？ 但是这种工作可以交给 IT 技术支持完成，而且人类有一种特性，对日常使用范围内的数字一般都能记住 4～5 位。

构建以简单且简短的产品编码为中心的主数据，在主数据中录入产品的主要属性。 属性项目根据产品分类而不同，因此分类也应在属性项目中体现出来。 为方便用户检索需在可用性上多下工夫。 对于现在的信息技术来讲这些不难办到。

无论对谁而言都没有普遍适用的产品分类。 如果没有清晰的目的意识，即使建立产品主数据也缺乏一致性，而且对工作毫无帮助。 希望大家认识到这一点。

Q　企业的零部件编码是否统一

——在设计部是统一的。现在，机械事业部进行设计时一般使用三维 CAD，这种 CAD 系统会自动生成零部件和材料编码。这种零部件编码是在产品编码末尾 5 位的基础上增加 4 位连续编号，再加入连字符后构成了 10 位编码的体系。当然，设计新产品时，因为考虑到对现有零部件的再利用，最初的 5 位就不统一了。特殊机械事业部进一步改善这种做法，现有零部件也必须对应产品编号并重新编码。

但在机械事业部中，他们将采购部的一部分产品作为物料使用。这种情况和您前面谈到的问题一样，因为编码位数

长，所以存在不统一的问题。

而且，听说工厂以我们设计的零部件表为基础重新编码使用。我觉得可能是沿袭过去的惯例，但因是在工厂内进行的编码统一，所以没有什么问题。

谢谢。首先，我想申明一点，从物料管理的观点来讲，产品、零部件和原材料应该同等管理。可能你觉得有点意外，比如，请设想一下采购品、外购品等从外部购入后直接发往客户的产品例子，就能理解了。此外，像在贵公司的一些部门将自己公司的产品作为原材料来利用，也属于这种情况。还有就是把零部件当维修件销售也是这种情况。

就是说，“产品”是指销售给顾客并获取等价报酬的物品。一种物品是否为产品要看物品本身是否处于供应链的最终阶段（或者能否作为零部件和物料进一步利用），也就是属于异次元的物品。某种物料能否热销，不是根据它自身的性质，而是由销售部门和顾客之间的关系决定的。

因此，产品和零部件本来应该在同一组主数据中进行管理，这通常被称为物料主数据（日语多为“项目主数据”）。根据使用情况可能需要分别配置产品主数据和零部件主数据，但前提是二者需要有一个通用的总物料主数据。

既然在同一组主数据中录入，结论是：如果产品编码是 5 位，零部件编码也应该设置 5 位。

也许有人担心，因为零部件和物料的种类很多，5 位够用吗？但是，如果采用简单的连续 5 位的编号，就能获得 10 万种编码。大可不必担心标记的位数不够用。

那么，具体应该在什么项目中录入？答案是在物料主数据和 BOM 中录入“采用某种形式管理的库存物料”，这是一项基本原则。

而且，我说的统一零部件编码是指在企业中统一。听到这个回答，如果以为是用于一个产品的零部件连编码也要明确标识，就误解了。

特别不建议采用订购生产的特殊机械事业部对同一种零部件重新编号的方法，因为同一种物料使用同一种编码是企业统一编码的原则。对工厂物料仓库管理员来说，如果每次采用不同编码命名同一种金属管，效率就会很低。所以，我认为工厂应该对零部件另行编码。

但是，当我们打算在企业中重新统一物料主数据时，必然会面临一道难以逾越的壁垒。这就是同一性的问题，即“要考虑什么物料和什么物料属于同一项目”的问题。

你可能认为这个问题不用说也知道，但是我在前面已经说过，实际上这是一个相当深奥的问题。

碳钢管和不锈钢管是同一项目吗？即使同一种不锈钢管，其构成比没有区别吗？举个浅显的例子，1L 装牛奶和 2L 装牛奶相同还是不同？低脂牛奶和无添加牛奶一样吗？日本十胜县产的牛奶和岩手县产的牛奶是否有区别呢？如果你是一家餐馆的采购员，会怎么考虑？

从某种意义上讲，你可能认为牛奶的产地和生产方法是决定牛奶项目的品质“属性”。但只要口味差异不大，倒入杯中端给顾客都一样，没必要刻意区别牛奶项目，对吗？

但是，如果您是一家奶酪厂的物料负责人，二者就有很大不同。这些因素会直接影响产品的结果，不仅质量有差异，还要区分低脂牛奶和无添加牛奶。

我们经常按层次对零部件进行分类，构建零部件主数据，进一步录入零部件的规格和属性，最后用表格形式汇总。表格纵列是零部件编码、横行是属性项目。属性项目当然根据零部件的范畴分类而改变。但是，牛奶的调整方法究竟应该按属性项目输入表格横行，还是作为产品分类标准输入表格纵列，如何划分物料分类和属性分类呢？

答案是“根据使用目的不同”。产品分类也是一样的道理，因为产品和零部件没有区别，所以理应如此。

“物料的同一性”定义为“根据使用目的而存在的关键的属性群即是满足同一条件的物料集合”。同一性根据使用目的、属性群的定义和附加条件而产生不同（图 1-2）。

水、冰和水蒸气是同一种物质吗？这根据使用者的立场不同而不同。二氧化碳和干冰是同一种物质吗？如果你是冷藏业者，回答肯定是不一样。这不是因为几种物品的售价不同，同样的项目，即使是纯金每天的售价也不同，难道不是吗？因为对冷藏的目的来讲，水、冰和水蒸气若只有其中一项则毫无用途。

这种“差异”在一个事业部中不言自明，人们很少注意

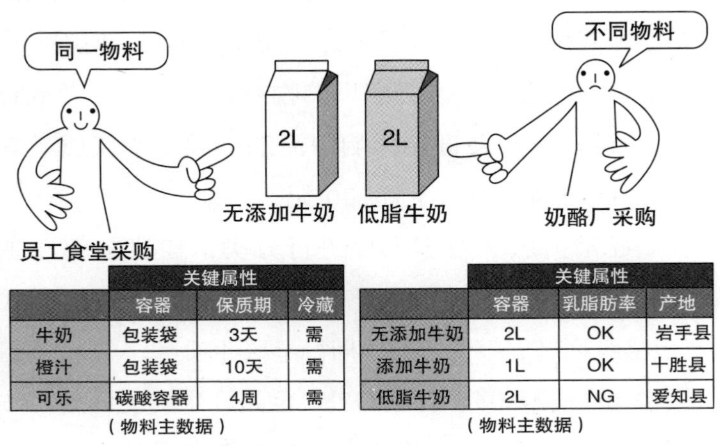

	关键属性		
	容器	保质期	冷藏
牛奶	包装袋	3天	需
橙汁	包装袋	10天	需
可乐	碳酸容器	4周	需

（物料主数据）

	关键属性		
	容器	乳脂肪率	产地
无添加牛奶	2L	OK	岩手县
添加牛奶	1L	OK	十胜县
低脂牛奶	2L	NG	爱知县

（物料主数据）

图 1–2　物料分类根据使用目的而不同

到它，因为大家共享同一种工作目的和职能关系。但是，即使在同一家企业中，当多个事业部开始认识并探讨主数据的统一问题时，这种差异就会立刻爆发出来。而且兼并和融合不同企业极其困难，这是因为企业文化的差异和异文化摩擦所致。

为什么我在最初不断强调这个从某种意义上来讲的抽象问题，是因为希望大家能够理解“世界上的万事万物都是相对的”。“相对”是指万事万物只能根据相互之间的关系而正确把握的意思。我们不能分散地拼凑事物，如果不从事物相互关系的“结构”来理解并把握，就无法通向正确的物料管理之路。

物料主数据是企业“世界观”的反映，这样的表述听起来似乎有些夸张，但构建 BOM 就是对重建统一世界观的一种挑战。

Q 将设计图和 BOM 一起进行管理吗

——是。我们机械事业部规定必须在设计图备忘录栏中记录设计零部件表清单，所以出图时需要通知 BOM 的下游部门。有时我们还会接到下游部门要求提前预览 BOM 信息的申请，因为设计不确定时，BOM 也无法确定，所以我认为从 ISO9000 的观点来看，同时进行管理设计图和 BOM 是正确的。

零部件表根据设计零部件编码，即零部件的分类层次来列表。

此外，与机械设备不同，原材料事业部的产品没有设计图。该部门由研发部和生产技术部在探讨的同时来制作产品规格。在该规格中会指定使用多少原材料，这相当于 BOM。

你的回答很明确，谢谢。

在机械类设计图上同时记录零部件清单的做法不仅限于日本，在欧美等地也很盛行。一般情况下，设计图上标记的零部件表属于 BOM 分类中的扁平式汇总 BOM。

汇总 BOM 清单与主要产品相对，是列出构成零部件的件数和种类的形式结构。汇总 BOM 清单无须对零部件的加工和组装顺序等层次做出特殊规定。

我们可以把汇总 BOM 清单设想成美食节目中出现的配料表。1 份中华冷面（俗称朝鲜冷面）的食材是中华冷面面饼 1 块、鸡蛋 1 个、黄瓜 1/2 根、西红柿 1/4 个，醋、酱油、砂糖、芝麻油各几大勺等等。面上洒的食材是一层薄蛋皮，薄蛋皮用鸡蛋做原材料，加入砂糖和酒后摊成薄薄的蛋皮而成……汇总 BOM 清单没有这种层次结构，所以用单层形容。

但是，汇总 BOM 清单本来是将位于加工阶段最下层的零部件材料（通常是从外部采购的购入品）并列起来而成。以中华冷面为例，不是用几克薄蛋皮，而是用几个生鸡蛋表示。那么，贵公司的设计零件表要在最终组装阶段列出零部件吗？如果列出，却不能进一步追溯至采购件和物料，也没有标明件数，就不能用于采购分配用的汇总 BOM 清单（图 1-3）。

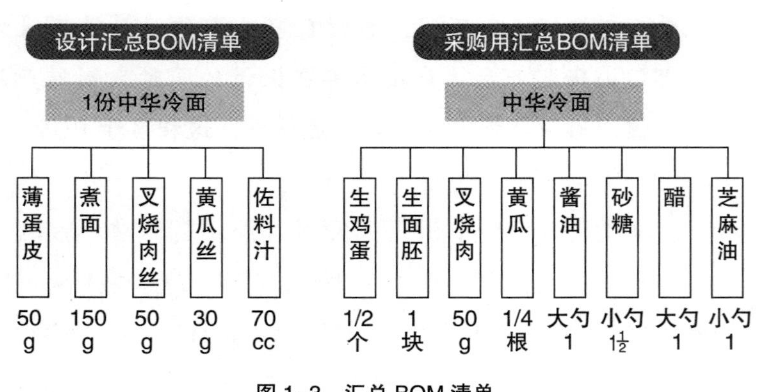

图 1-3　汇总 BOM 清单

汇总 BOM 清单的优点是能够根据产品数量迅速计算分配

的物料量，所以对物料费用估算、成分分析和制定粗略的调度计划方案非常方便。但为了制定更实际的计划和生产指示，需要使用后面讲述的“结构 BOM”。因为有必要描述与加工步骤相关的层次。

大家可能会说，设计图上的零件表是按零部件的层次分类体系编码的，所以它不是扁平式 BOM。但这里所说的 CAD 系统的零件层次难道不是机械零部件、电器零部件和控制零部件等静态分类体系吗？这些零部件体系最终只能根据机械设计科、电器设计科和控制设计科等设计组织的实际情况分类。虽然这种分类也具有一定意义，但对于负责生产和流通的下游部门而言是没有多大关系的。

结构 BOM 是反映“生鸡蛋→薄蛋皮→中华冷面”这种生产过程信息的结构。因此可以认为 BOM 表的制作只在设计部还不算完成。

而且汇总 BOM 具备如字面所述的“汇总”形式，所以，只要你谈到的设计工作没有全部完成，就无法确定严格意义上的零部件表。汇总 BOM 不是一种适合部分 BOM 信息转移的形式。

将从设计图到选择零部件种类和数量的作业译为英语是“Material take-off（MTO，物料统计单）。手工操作大多耗时费力，所以多在完成时集中运用。现在，这些作业通常由 CAD 系统完成，这也被列入批量处理。

从这些情况来看，大多数企业通常在设计出图的同时并行制作 BOM。 另一方面，有时因为物料分配和工序准备等情况，制造方希望提前发布部分 BOM 信息。 这是为了缩短产品投入市场的周期，客观情况要求快速启动粗略成形的 BOM，然后在后续阶段再增加修订的一种企业策略。 这样一来，企业内部就会产生与 BOM 发布时机相关的摩擦。

因此，设计部有时会根据临时货号（临时发布的物料编码）制作 BOM，然后转入生产技术部。 但临时货号最后必然要使用正确的货号重新替换录入，而且如果设计部的变更传达不到位，反而会陷入 E-BOM 和 M-BOM 的二元化状态。

关于这个问题，我建议日本企业可以考虑采用少量、逐次汇总 BOM 信息后转入下游部门（特别是生产技术部）的方法。 不要把 BOM 信息一次性全套交付对象部门，而是分割出较少范围，等设计接近确定后再进行移交。 当然，理论上这也会发生因为信息不正确导致返工的情况，但在承担这些风险的基础上，节约时间的方法更容易与企业利润挂钩。

此时，应该停止将 CAD 系统输出的汇总 BOM 当成正式数据的方法，把最终确定的结构 BOM 作为正确数据录入主数据。 在设计图上加注该主数据链接，或者干脆把打印的正式 BOM 作为文件的一部分装订在一起才是现实的操作方式。 这不是与贵公司原材料事业部的实际操作方法相同吗?

可能有人会批评这种做法违反了 ISO9000 精神，但 ISO 只要求将最新信息准确提交给使用部门，并没有要求信息全部确定后再行交付。 如果使用方对此产生误解，就没有办法了。

这虽然是题外话，但我认为正确的步骤和工作速度之间存在折中平衡的关系。按客观步骤保证理论的正确性是现代经营管理理论的主流。理论背后是每个人负有相应的职能分担和权限责任，这是英美管理模式的组织观。进一步讲，人们只需遵循指示而行动，这种愚民观似的概念正潜藏于此。但是，生产现场的人是具备预测和工作能力的。

日本企业应该在遵循日本本土文化的基础上行动，这样生产效率才能有所提高。而且日本本土文化具有预测先行、体谅他人和对事物反复推敲的特征，在这种环境下形成的 BOM 才会进展顺利。

Q 零部件的通用化是否利用了矩阵式 BOM

——从很早以前开始，零部件通用化就是一个我们致力于解决的合理化设计的主题。近 3 年来，所有机械产品设计图已转入 3D-CAD 系统，但其目的之一就是要通用零部件程序化。我们希望以此实现节约设计部劳动力的资源和提高工作效率的目的。与此同时，为了降低生产成本，引进轻质零部件材料等也成为对设计极限的挑战。首先，生产优质产品是我们公司竞争力的源泉，我们设计部当仁不让地成为帮助企业提升核心竞争力的部门。

但是，现实情况是即使设计部启动零部件通用化的步伐，

因为物料购买等情况改用廉价零件替代，一切也很难按预想进行。而且，虽然我不太了解矩阵 BOM，但个人认为我们的 CAD 系统应该不能用矩阵 BOM 管理，CAD 系统能够管理的设计零件表只有一种。

好的，明白了。

不过，关于你提到的通过减少设计部的劳动力资源实现零部件通用化的效果这一点，我觉得需要在此基础上额外补充一点。 我想说的是：不但设计，在一般生产活动中减少零部件的件数和种类都可能在很大程度上降低成本。

同样功能和相同品质的产品如果能用更少的零部件进行组装，仅仅这一项举措就具有很大的合理性。 关于这一点相信机械工程师也会持赞成意见。 但是，除了零部件件数，减少零部件的种类其实也具有很大意义。

大家是否注意到一个问题，在物料主数据中录入零部件后，在适当采购、库存管理和供应机制中耗费的时间和劳动力与该零部件的大小和价值不成比例。 大到 1 种大型发动机，小到 1 种小型 O 型圈，消耗的劳动力和时间基本不变。

这个“消耗的劳动力和时间”最后以生产成本的形式体现并产生影响。 我们知道：与采购、保管、供应相关的间接成本会在原材料购买价的百分比上至少增加 10%。 如果贵公司把购入品原封不动地卖出去，能大体掌握其百分率，若差额低于 5% 就无利可图。 这就是与物料供应相关的间接成本。

因此，为了极限设计新增一个轻质零部件，在此基础上即使设法降低 3%的生产成本，如果因为该产品的品种增加导致间接成本增加了 3%仍旧一无所获。 在探讨和改善 BOM 时谈到 BOM 表制作只在一个设计部还不算完成就是这个原因，这一点请务必注意。

那么，关于 BOM 数据的种类前面已经谈过。 一家企业至少需要“主数据”、“指示追踪数据”、“实绩追踪数据”3 种。

但是，这些都是保存的 BOM 数据内容的分类。 除了内容有时还要对 BOM 数据表现方式的种类进行说明，这就是汇总 BOM 和结构 BOM 的区别。 即使原始主数据相同，根据怎样添加和输出对用户有意义的信息也分为几类。

与汇总 BOM、结构 BOM 相同，矩阵 BOM 也是一种 BOM 数据的“表现方式”。

典型的矩阵 BOM 使用纵横表格（矩阵）格式，纵列是产品样品，横行是零部件等物料（图 1-4）。

	零部件x	零部件y	零部件z	零部件u	零部件v
产品A	1	6		3	
产品B		5		2	1
产品C		12	8	6	

横行中的1行表示1个汇总BOM

图 1-4　矩阵 BOM 的例子

图表中的数字表示在什么产品中使用什么零部件，使用件数是多少。 总之，一横行中的各项等于汇总 BOM。

矩阵 BOM 是展示给用户的方式，是一种表现方式类别。其原始 BOM 主数据和汇总 BOM 来自同一数据，所以，即使 BOM 主数据保存在 CAD 系统中，只要对该数据进行加工处理后替换，就能用矩阵表现。

那么，在构建图 1-4 时，我们能从中读取到什么信息?

例如，能迅速把握各种产品所需的零部件件数，还能进行相互比较。 横向浏览产品行时，清点几个并列数字就能了解零部件的件数。 以此为标准，只要对行列进行分类，就能构建从大宗产品到简单产品的序列。 这些信息可以作为产品企划分类和制订粗略的生产计划方案等的参考。

此外，从该表还能了解零部件的通用程度。 纵向浏览零部件列时，能轻松发现哪个零部件用于什么产品。 从零部件找到使用它的产品操作称为“反向展开”，矩阵 BOM 有助于反向展开。

浏览表格纵列，如果只有一横行上有数字，就说明该零部件是用于某种特定产品的专用件。 反之，如果浏览纵列时发现很多横行上有数字，就说明该零部件的通用程度高。 因此，制作矩阵 BOM 时只要对表格进行简单集中的分析，就能根据数值测出零部件通用的程度。 例如:

$$零部件通用率=\frac{(使用该零部件的产品数)}{(全部产品数)}$$

运用该公式计算，就能用指数表示该件的通用程度（专用件无限接近 0，用于全部产品时为 1）。

当然，一般情况下螺帽和垫圈类零部件的指数最高。有时也将这类零部件称为基本物料（Bulk Material）。

反之：

$$\text{产品的零部件通用率}=\frac{(\text{构成该产品的零部件通用率合计})}{(\text{该产品的零部件件数})}$$

通过此计算式就能了解哪种产品通用率不足（由专用件构成时为 0，只有通用件时为 1）。

在产品趋向多样化的今天，我认为应进一步重视过去流行的“GT 化 = 成组技术研究”。“成组技术”是一种采用通用件对某些形状相近的多种零件进行加工处理，在最终组装的上游工序实现零部件通用的方式。

近来，作为制造产业论的一个重要部分，将产品分为“固定模式型”和“自由组装型”的思考理论正引起人们的关注。如字面意义所示，“自由组装型”是指由专用零件构成的产品，根据上述计算可以通过数字了解本企业的动态。

此外，在进行这些分析时，只要综合考虑零部件的件数和单价等重要性，就能进一步深入考查。

另外，巧妙地调换该表的行和列，件数的数字就能以行列的斜对角线为中心成块分布（图 1-5）。这表示相互之间使用通用件的产品群。

还有就是在复数产品中配套使用同一装配件的情况。如

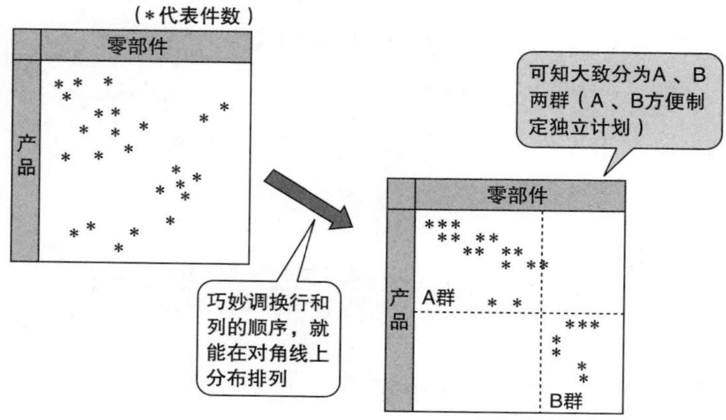

图 1-5 根据矩阵 BOM 的对角化找出产品群

果给这些零件群设置“配套化”的配套编号，不但有助于预测未来的计划作业趋势，还可能以配套化形式在物料库存中保管，这样做也有利于均衡调控库存水平。

像这样，仅通过利用矩阵描述 BOM 数据，就能发现有助于物料管理改革的大量数据，这就是 BOM 表现力的价值。

第 2 章 用于工程设计的 BOM

Q 在 BOM 中构建“母子关系”（层次）了吗

——首先，从设计部出来的零部件表是 3D-CAD 系统数据的输出格式。也就是说这只是设计图上附带的零部件清单。用老话讲，这种清单上的零部件编号是录入设计数据库的设计零部件编码，所以我们工程设计部的人需要把这些编码逐个替换成制造零部件编号后再录入制造 BOM。我们需要先制作双方的零件编号对照表后再统一替换，但是因为设计变更多，慢慢的对照表就核对不上了。只能手动操作逐个修订，需要耗费很多时间和精力，所以实在难以实施层次化。

总之，在设计零部件编号的 2~6 位上有与保存目录相对应的编号标识，这个标识也对应 BOM 层次。

好的，谢谢。

如前所述，BOM（零件表）是表示产品和零部件、零部件和原材料之间关系的标准技术信息（主数据），承担着制造业生产管理核心的作用。BOM 世界的“母子关系”不是“母项生子项”而是“子项生母项”，与通常的意义相反……

上一节课我谈到了汇总 BOM 和矩阵 BOM。汇总 BOM 用于采购零部件和累计计算（标准成本计算），矩阵 BOM 是以设计的标准化（GT 化）、反向开展、零部件库存管理等为主要目的。

那么，结构 BOM 基本上是按照产品→零部件→副件→原材料的顺序来表示“母子关系”的结构形式。之所以用“表示”一词描述，是因为原始主数据本身相同，只有汇总或结构的表现方式和数据浏览方法不同。

BOM 主数据的内部结构通常采用一种被称为“单层 BOM”的形式。这是一种记述所有零部件各自匹配的“母项”零部件/产品是什么、必要件数是多少、回溯至其母项的生产步骤（工艺路线）是什么样的表状结构。从 IT 技术的角度表述就是把项目编码和母项总编码设为复合的主要编码的排列。这样处理，不管汇总 BOM 还是结构 BOM 都能表述（图 2-1）。

那么，采用层次表现的结构 BOM 具有什么价值呢？这是本次探讨的主题。归根结底层次化 BOM 是生产过程本身

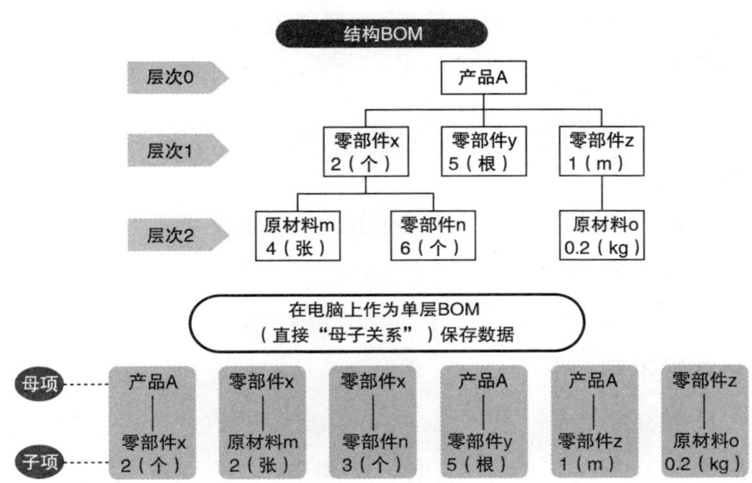

图 2-1 结构 BOM 和单层 BOM

的一种表现形式。它是系统描述从哪种采购物料，采用什么步骤，经过什么工序到产出某种产品的全过程的结构。所以，结构 BOM 发挥的商务职能是以工程设计技术师为基点，将信息主干供给生产计划、生产管理、物料购买等 BOM 的使用部门。反之还具有将生产部门的要求反馈给产品设计的意义。

与在同一家企业无关，设计部制作的"设计零件表"（E-BOM）和生产部用于维护管理的"制造零件表"（M-BOM）分开重复使用，而且因为数据不统一和相左引发的问题在制造业屡屡可见。这是导致产品开发速度和生产精细化管理低下的原因。

如前所述，今天设计部的零件表大都采用以 3D-CAD 系统为代表的设计系统制作。这类系统在录入项目时，除形状数据之外连同材质和其他属性一并录入数据库。而且该系统大多具备物料统计和估算功能，这些都是设计零件表的基础。

但是，设计数据库中保存的产品和零件间的层次关系几乎全是零件和零件间的几何连接关系或分层保管的零部件数据索引。这与哪个零部件由哪种物料生成的涉及生产工序的关系截然不同。

比如在制造部，同一款产品只要通过改换工序、提高效率就能改变制造步骤。这时，如果 BOM 的层次关系不能体现这种变化就难办了。此外，BOM 还要承担变更物料购买方或设置制造周期等时间轴的信息输入器的功能。而设计数据库的汇总零件表与这种目的并不一致。

如前所述，制造工序的操作（作业）分为物料、资源、信息 3 种输入，它们分别是原材料、机械装置或操作者、指示书或规格书 3 类。作业输出的是产品、中间件、正在加工的物料，然后开放占有资源，重新输出实绩报告等信息。

“BOM 的母子关系”是记录输入作业的物料和产出物料之间数量关系的数据。上游作业的输出成为次工序作业的输入，由此构成工厂内的供应链。“结构 BOM”除了描述这种供应链的关系之外没有其他功能。

Q 对加工零件和组装零件进行编码吗

——加工零件是指从一道工序交付给次工序的加工品吧？加工品不必逐一录入主数据。临时存放在库房的组装零件数量很清楚，而且有编码号，生产编号上还有副级编号。

首先，让我们复习一下录入 BOM 的对象项目到底应该是什么。

原则上在 BOM 中录入“应管理的库存品数量”，这包括购入件、原材料、辅料等所有物料库中保管的对象，此外产品库中保管的产品也是录入对象。如果维修件作为零部件直接发货，当然也要录入。

再进一步，各作业区现场保管的零部件类原则上也是 BOM 录入的对象。

还有人们不太注意的包装材料、捆包材料也是一样，如果因其无库存导致产品不能发货，就应该录入 BOM。

另外，你说的不错，其中最难判断的对象就是“加工品”。有时，化学工厂、医药和化妆品厂等也将加工品称为“中间品”。

这些项目可以根据是否需要掌握其临时保管的数量来进行判断。例如，按几个零部件组装的形式构成副组装零件，将该零件纳入库存后统一管理。很明显这些是录入 BOM 的对象。

反之，物料经过某一工序产出后立即进入次工序消耗时则不必录入 BOM。 其极端例子就是传送带上流动的加工品。物料从传送带的送入端到输出端为止按顺序组装、喷涂或检查等等，而且只要还在传送带上就不会中途停下来存放。 在这种流水作业生产线中，只有投入各阶段的零部件材料和最终搬离生产线后在其他场所保管的产品才是录入 BOM 的对象。

因此与“母产品”相对，传送带流水生产线形成多零件直接吊挂、极其扁平的很多子项的 BOM 结构。

那么，手工生产线的情况怎么样呢？ 这时在生产过程中是否注意存放是关键。 当前工序输出的加工品全部进入后工序时，其“中间品”不必录入 BOM。 但像看板方式等在加工品上添附领取看板，后工序只领取所需量，当加工品积累到一定量后统一移转时，原则上看板上所附的加工品是录入 BOM 的对象。 这时 BOM 呈纵深结构（图 2-2）。

因此，仅仅通过浏览企业的 BOM 形式，就能在某种程度上了解其工厂工序的组装和运作方式。 而且，当计划改善工序时，BOM 就成为思考哪个环节失衡，应该从哪里入手解决的线索。 这就是 BOM 图表的威力。

顺便说一下，在 BOM 中录入加工品、保管数据和正确掌握库存量是一件非常费事的工作，所以从这层意义上讲 BOM 最好采用扁平式结构。 此外，在一连串工艺路线中应该避免因随意存放加工品导致流水线中断的情况，但这不是因为觉

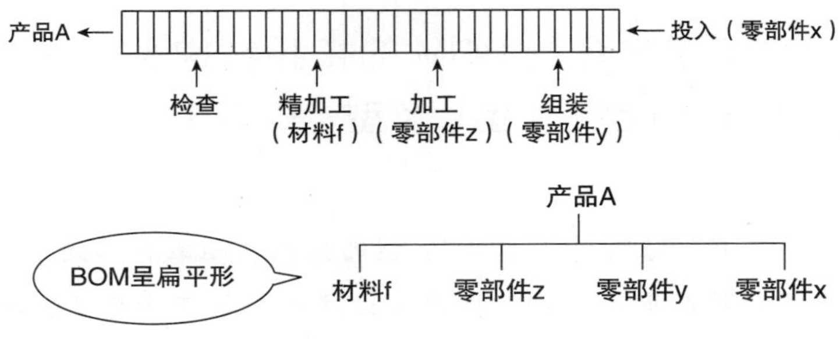

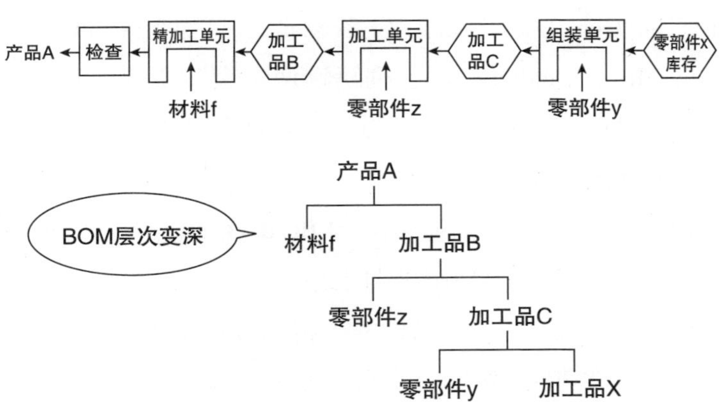

图 2-2　生产线类型和 BOM 的形式

得 BOM 保管费事而唱反调建议放弃看板方式的意思。

另外，对可能的库存组装零件编码时，如果采用和订购编号或生产编号关联的形式，当该组装零件用于其他订购品时就会失去编码的对应性，所以应该对通用性高的组装零件和加工品独立编码。

Q　你知道本企业 BOM 的拓扑结构类型吗（A 型、V 型、I 型、T 型、X 型、Q 型）

——我好像听过 A 型和 V 型的区别，组装加工是 A 型，反之原材料产业是 V 型。但为什么这么叫就不清楚了。有人认为 V 型，用 A 型表示比较好，是吗？

据说 BOM 的 A 型、V 型分类是以 TOC 理论和小说《目标》（The Goal）的作者、闻名遐迩的高德拉特博士（Dr Eliyahu Moshe Goldratt，以色列籍物理学家及企管大师）最先提出的。博士在观察制造业的很多行业后注意到可以用 BOM 形式对其进行归类。

普通组装加工业在制作结构 BOM 图时，顶层为最终产品，底层由很多零部件和物料构成一个金字塔型结构。因为该结构类似英文字母 A，所以博士将其命名为 A 型 BOM。我觉得贵公司的机械事业部和特殊机械事业部大体属于这种类型。

反之，在制铁业和石油加工业中，利用极少量的原材料，经过精炼加工、混合等工序，会生产出多种不同性状的产品群（联合产品）。如果用 BOM 图表示就是倒置的金字塔 V 字结构，所以被称为“V 型”。例如肉食加工和家电回收厂就属于这种 V 型结构，因为在这些行业中，都是通过对一种原材料进行分解而获得多种产品的。

像半导体等同一种原材料经过一系列耗时较长的加工工序的行业就是 I 型 BOM，但这些行业不太关注 BOM 本身。上述的 V 型也同样，如果是一对一提取单个最终产品就属于 I 型。

T 型是指即使在同一种原材料产业中，经过最终阶段的加工产出多品种的行业 BOM。例如润滑油和化妆品等在产出基础物料之前几乎呈一条线加工，但随着投入生产过程的添加剂的种类和数量的增加会产生千差万别的变化，因此这种 BOM 的形式被称为 T 型。塑料成型等也归入这一类。可以说贵公司的原材料事业部不是 V 型就是 T 型。

X 型和 O 型是 T 型的变种。X 型是化学工业常见的类型，多种原材料经过化合等化学反应生成产品，是一种必定伴生副产品的 BOM 类型。

用传统 MRP 系统处理 X 型 BOM 时，把副产品作为物料录入，标准周期设为 0，件数设为负值。按需求量展开这些信息时会得到“负值的总需求量”。不能正确处理这些信息的系统不适用于 X 型。

此外，Q 型是一种将部分生产工序的产物作为原材料重新回收的 BOM 类型。在部分制铁业、玻璃工业和化工业中存在这种循环模式（图 2-3）。

根据这些 BOM 形式（拓扑形态）所做的分类其实在很大程度上规定和制约着各行业的生产管理模式。

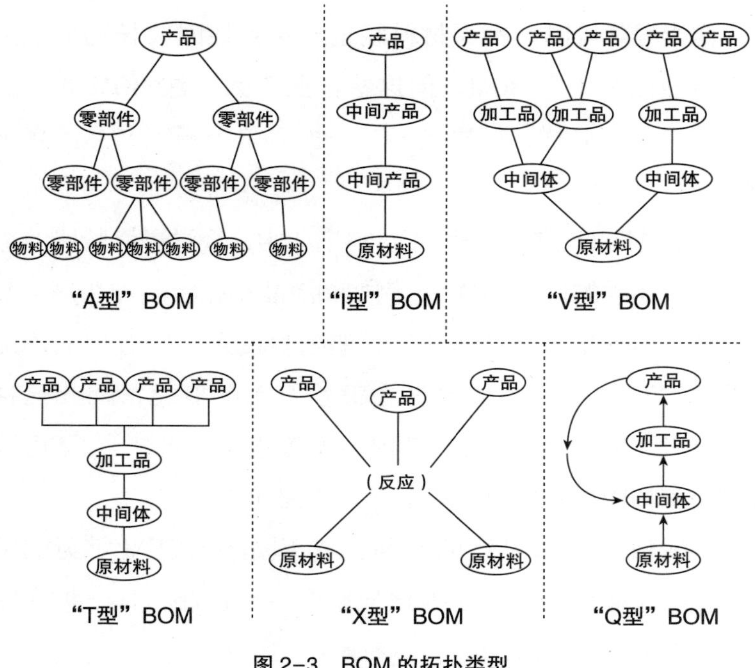

图 2-3　BOM 的拓扑类型

例如，在 V 型和 X 型等生成联合产品和伴生副产品的工厂无法独立生产某种产品。不能执行忽略与其他产品间平衡关系的生产订单，即使勉强实施也会产生大量的无效库存。此外，当然需要在录入复数产品的同时录入制造实绩。如果不这样，就没有生产指示而只有生产实绩。

还有 Q 型 BOM，某种产品的母项（原材料）就是自己本身。因为是这种回归式结构，所以在数据库中实现时要特别注意。此外，大多数 MRP 计算系统无法展开循环产品的零部件计算。同样，生产成本计算不是单纯分配，需要收缩计算的特殊逻辑。

A 型 BOM 不存在 Q 型伴生复制品或循环产品的问题，其生产指示本身比较简单。反之，因为必备零部件材料的种类多，选择恰当的时机采办和供应所需量的困难相应增加。

即便如此，BOM 的基本拓扑结构类型是由所处行业的核心工序依据科学法则自然确定的。即使对 V 型石油化工所下达指示，要求他们从明天开始停止生产联合产品也没有任何作用。相反，如果其他行业中有成功应用相近 BOM 拓扑结构的实例，我们也可以从中借鉴学习很多知识。

因此，我们必须在认识由产品核心工序决定的 BOM 拓扑结构类型的基础上，思考工序设计和物料管理机制。

Q　BOM“母子关系”对应了工艺路线（Routing）吗

——我们部门没有实施。虽然考虑到 MRP 的关系采用了标准周期。标准周期是由各工序的周期循环时间决定的。但实际问题是工厂不按 MRP 的日程运作，采购部为了确定主要材料的非正式月订购量，在召开月生产会议前才忙于计算。这个工艺路线指的是什么呢？

我在结构 BOM 中定义项目的“母子关系”时已经阐明，一定要同时录入子件经过什么生产工序到达母项。如果这一点不明确，即使浏览 BOM 也看不出子件在生产过程中经过了怎样的处理。

结构 BOM 的数据格式是伴随 1960 年 MRP（Material Requirement Planning=物料需求计划）生产计划方式的诞生而同时完善的。在初期 MRP 中，需要在该子件和母件之间确定件数（表示 1 个母件所需的子件量）和标准周期的数值后录入。该标准周期作为将子件加工成母件工序所需的期间（包括工序等待和滞留在内的总天数）采用时间段单位来录入。贵公司采用的应该是这种方式。

但是，20 世纪 80 年代完成的 MRP Ⅱ 则倾向于将 BOM 的“母子关系”作为“通过加工或组装子件生成母件”的生产过程来描述，而且认为加工或组装过程实际上由一个甚至多个作业构成，将该过程（加工顺序、工艺路线 Routing 或工序表等）作为独立的主数据来处理。这就是 Routing（工艺路线）主数据。

而且，英语中的 Routing 表示一系列有步骤的整体作业，日语中没有对应该词的确切词汇。人们大多把 Routing 译为“加工顺序”或“工艺路线”，但工艺路线有时也指第 1 和第 2 这种单个作业上添附的顺序编号。还有一个词是“工序表”，因为该词与零部件表相对，所以难以舍弃不用。但在项目排程中，同样是该词又被定义成与任务（Task）的网状结构相同的含义。虽然不是泛指一种产品生产过程整体的广义用法，但也不是具体指独立作业或操作的狭义用法，没有一个用来表述从中间品到次阶段中间品为止串接统一作业群的恰当用词。本书只好暂时选用 Routing（工艺路线）一词代替。

现在，很多日本的生产管理类书籍介绍的不是现代的 MRP Ⅱ，而是过去的 MRP，所以漏掉关于该工艺路线主数据说明的情况比较常见，连 APS 解析也经常省略工艺路线的概念。

但是，为什么这个工艺路线（Routing）的概念必不可少？为什么只有工序还不够呢？

有如下 3 点理由。

第一，需要正确表示生产能力（Capacity）。MRP 制作的生产日程的最大问题是以无限生产能力为前提的计划。但是，工厂的实际生产能力当然有一定上限。如果按 MRP 的计算来制定日程，作业工时会超负荷，同时出现现实情况中不可能的数量在同一期间得到集中完成。贵公司工厂没有采用 MRP 日程的原因恐怕也是出于这一点。

为了解决这个问题，衍生出一种比较超负荷和实际生产能力上限，调整投入生产顺序的能力需求计划，即 CRP（Capacity Requirements Planning）方法。

为了正确实施 CRP，不是采用像“工序”这种大的总括性概念，而是应抓住其工序内使用的单件制造机械和人员（含手工操作时）的周期循环时间。因为不同制造机械和作业者各自的能力值和上限各不相同。

第二，采用传送带等流水线作业和流水车间（一般是大批量生产车间或具有连续生产布局的车间、便于产品流动）工厂的惯用方式。传送带流水作业是在生产线上排列多道加工作业。如果从传送带的一端到另一端为止所有项目经过的作业全部相同，就可以把生产线整体当成一道工序统一处理。

但是，随着产品的多样化进程的发展，按项目从传送带中途移转或中途提取等利用部分传送带功能的情况，有所增加。这时就不能作为一道工序统一处理了，但是，如果把这些作为其他工序录入，又无法正确掌握其能力上限。这就为工艺路线思考方式的产生提供了契机。工艺路线能定义复数作业的顺序，而且能力上限不是工艺路线本身，是通过让各作业方持有来使这个问题得到解决。

第三，加工顺序的替代要求。在工厂中，即使生产同一项目，需要多种不同机械和步骤或部分委托外购加工的情况也很普遍。MRP 本身不适合这种多重生产方式的选择，但是，如果在工艺路线主数据中设置替代工艺路线，进行 CRP 研讨时就会轻松多了。

因为这些理由，在 MRP Ⅱ 中工艺路线主数据的应用不断扩大，这种方式被现代生产调度系统=APS 的大多数产品（虽然不是全部）所采用，一直沿用至今。

工艺路线主数据由输入、输出、作业 3 个要素构成。在输入和输出过程中各种物料和信息名（单据名）并列，而且按顺序列出属于该工艺路线的单位作业。各作业拥有各自所需的资源（机械装置、人员、模具、工具等等）和周期（图 2-4）。

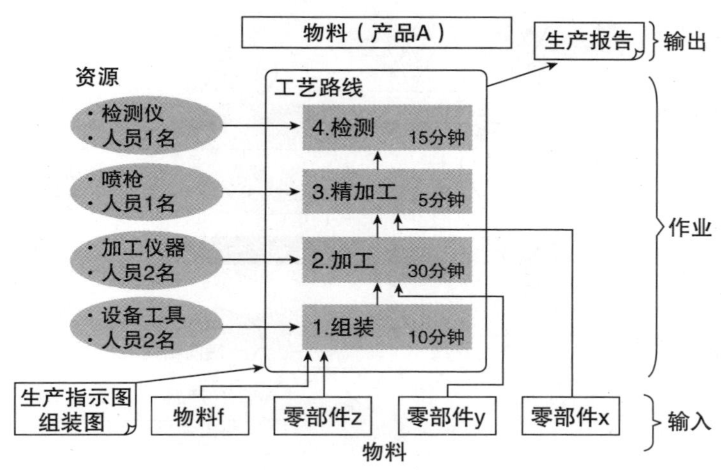

图 2-4 工艺路线（Routing）的数据结构

录入工艺路线主数据需要进一步利用到资源（机械装置等）主数据（有时也称为“资源表”）。 关于这个问题放在稍后“设备维护 BOM”中进行说明。

刚才已经谈到，通过观察 BOM 的形状就能了解工厂工序的排列情况。 现在用工艺路线方式再次对这个问题进行说明。 在零部件件数多的组装加工业中，比如汽车工厂有时把最终组装生产线放在配置计划的中心位置。 工厂的重心是怎样围绕这个最终组装生产线同期供应变速箱和发动机等各种模具。 工厂整体形成一种“鱼骨”状配置计划，但当组装少数特别统一的模具时，多数零部件又会按顺序组装，这时

“鱼骨”的形状就会发生变化（图 2–5）。

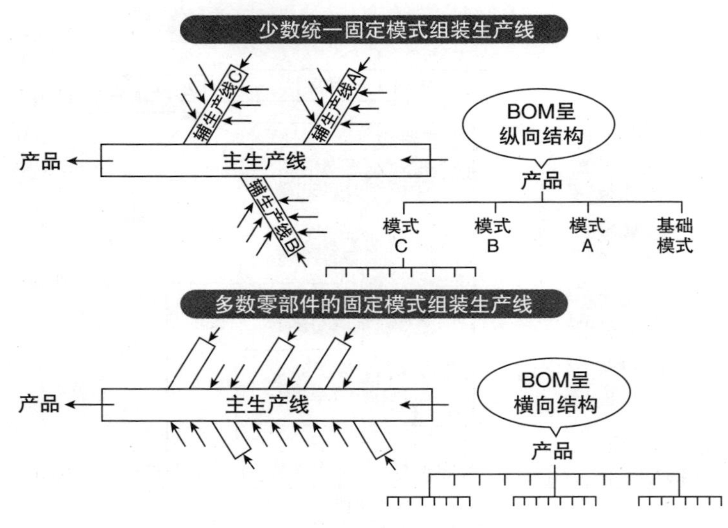

图 2–5　BOM 与组装生产线的图示

用 BOM 的观点解释，生产过程不停滞的最终组装生产线整体上是一个工艺路线，该工艺路线的输出是最终产品，输入是各种模具零部件。

各种模具又分别由各自专用的生产线组成。 通常每一个这种生产线也是工艺路线。 近年来在日本普及的单元生产和“1 人 1 台”生产等也是一个工艺路线。 但是，当在生产线中途存在加工品准备待制时，在该处将工艺路线分成 2 或 3 个部分，BOM 的层次就更深了。 在中途不停止的传送带上投入批量生产时，BOM 的层次表浅，形成有多种零部件的扁平式结构。

这样一来，仔细观察采用工艺路线定义的 BOM 的形状，就能联想到工厂配置计划的“鱼骨”形。希望大家理解包括构建运用规则在内的工序设计和构建 BOM 二者之间关系密不可分的道理。

Q　BOM 由谁负责录入管理

——零件设计表由产品设计部采用 CAD 系统进行维护。如前所述，零件设计编码包括机械、电机、控制几类，原则上由各部门在主数据中录入本部门范围内的零部件后使用。

制造零件表与多个部门相关，所以一般以设计图为基础，由我们部门设计工序后制定生产步骤，确定选用哪一种物料生产多少零部件，然后输入零部件生产表。这时，对零部件主数据中没有的新零部件制作出一种称为“零件录入表”的单据后，发给品质保证部下属的标准科，由标准科发布零部件生产编码，在零部件台账中保存文件。然后补充质量等相关信息，再询问材料科单价，最后录入零部件主数据。

但处理不好时，从发出录入申请单到输入工厂的计算机系统需要耗时 4～5 天。老实说，如果不录入零部件主数据，我们不但无法输入零部件表，还会受到生产计划科和物料部的催促，特别为难。

好的，明白了。录入维护物料主数据和 BOM 主数据对任何企业来讲都是一个十分困难的问题，这项工作不能只靠一个部门完成的理由也是同样。

那么，为了在企业中统一和恰当地维护作为主数据的广义 BOM 应该怎么办？

不要以为引进 IT 工具就能使这个问题迎刃而解。 与信息系统问题相比，不如说这是物料主数据的运用体制和权限的问题。

即使这样，纸介信息和电脑数据的性质也存在着不同。例如，与纸介媒体信息不同，电子数据能瞬间发出，能从多个部门参照和更新，还能在数据库中详细指定个别输入权限和参考权限。 如果是纸介媒体信息，只能决定是否让人浏览一页的全部内容，没有控制输入权限和参考权限的方法。 但电脑则不同，它能控制哪一栏可视、哪一栏不可视，或哪一栏不允许修订等操作。 电脑不但检索迅速，还能同时参照各种表格，在一个画面上显示也很方便。

所以，即使有用纸介媒体建立的运用规则，也应该引进 IT 工具重新修订运用规则，改成符合电子数据的运用方式。纸介信息往往倾向于把信息汇总至一处后集中录入或传送，结果导致“信息批量”增大，信息的等待时间必然延长。 这和生产工序中的批量等待是一样的道理，在电子数据中，缩小这个批量是关键，而各信息项目由责任部门分担。

设计数据运用时最重要的原则是“尽量在发生位置输入”，这被称为发生源输入原则。 商店的 POS 系统就是从这个思想衍生的，工厂的 POS 系统也一样。 如果将信息转记或读取为转发式（Bucket Relay），数据的新鲜度就会降低，而且必然伴发错误，这种情况应该避免。

下一个重要原则是“数据更新应通知并记录”，这是变更管理原则，即使数据内容变更，原始数据本身并不应该改写，而是保留，还要补写变更数据。 画面和单据上一般只显示最新信息，隐藏旧数据，同时通知数据使用者已变更的要点。 通知方式很多，有使用具体通知单和利用邮件个别通知的方法，有在画面或输出单据上标记变更位置的方法，还有制定历史变更录入一览表的方法等。 最好在参照变更内容重要程度的基础上考虑恰当的运用方法。

最后一个重要原则是“明确信息的一次利用目的”。 应该让数据输入部门明白这个信息准备由哪个部门和哪个部门利用，以及用于什么目的等。 当然，首先要考虑统计分析等二次利用。 本次讨论的目标之一就是明确 BOM 信息的要素和利用体系并在全员中共享（图 2-6）。

一旦确定这些运用流程，与利用纸介媒体时相比，几乎所有上游部门的数据输入工作的负担都会增加，这被称为“前期负荷过重”。 上游部门对于为下游部门输入本部门不直接使用的信息大都感到付出额外劳动和承担责任，因此，有必要设法重新调整人员配置、增加与下游部门之间的协同作业时间，还要设法从中安排输入操作等（形象地说就是“并行工程”）。 与此同时，减轻输入操作，杜绝无效操作也很重要。

建议贵公司首先在设计部和生产部采用同一项目编码，

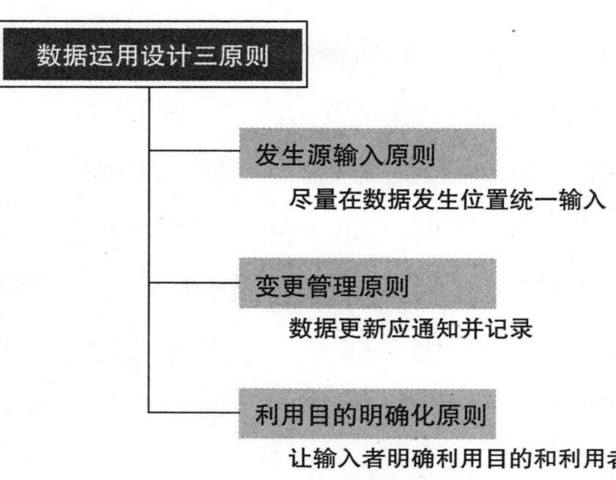

图 2-6　数据运用的三原则

在社内统一编码的发布权限。这时，不是采用现在依据生产编号和分类层次的物料编码体系（有意义的编码），而是改用简单的连续编码（无意义编码）。

而且，该项目附带的各种属性由各部门分担输入和共享。比如，形状数据由设计部负责、价格数据由采购部负责等，明确规定这些属性数据的录入责任和权限。

新零部件信息最初在产品设计阶段生成，所以零部件编码的发行权限应由设计部承担。但贵公司下游部门持有的物料信息似乎并未很好地反馈至上游部门，因此，不妨考虑发挥设计评审等协同作业部门的作用，指派他们发行项目编码。由多个部门在现场确认编码是否存在遗漏或浪费（重复）等情况并录入物料主数据。

但是，把全部信息拿到 3D-CAD 系统的零部件数据库中汇总可能并不现实。使用 BOM 的部门很多，但不是所有部门都需要 CAD。而且生产管理和成本管理等各种系统也需要 BOM 主数据。最理想的办法是构建一个独立的标准信息管理系统（也称 BOM 管理程序），把它作为所有信息的信息源。对各系统主数据中经由同一界面构建同期化结构，以此在企业整体建立和维护一个统一的物料主数据。

在狭义 BOM 中保存的项目之间的数量关系应该由承担工序设计责任的部门录入。这是因为工艺路线录入和变更之间关系密切，应该并行处理。

总之，物料主数据由企业整体共同制定，层次型 BOM 由工序设计部门负责是最恰当的方式。关于这些 BOM 的运用体制，我想有必要在此重申一遍。

Q　BOM 精确度的百分比是多少

——精确度是什么？如果是指未录入 BOM 的产品，那么以前的产品中也有未录入的。但那些产品已经不再生产，所以精确度实际应该高于 98%。与其说精确度有问题，不如说需要补充设计变更。产品的规格变更最近特别多，必须在 BOM 中反映所有变更，而且有时零部件主数据也经常忘记更新，不是吗？

如字面意义所示，BOM 的精确度是指录入的 BOM 与现实吻合的正确率。首先我要讲的是 BOM 录入率的方法。

最简单的BOM精确度的定义，参见下面的公式：

$$\text{BOM 精确度}=\frac{\text{零部件构成正确的录入产品×中间品的数量}}{(\text{产品×中间品总量})}$$

这个公式适用于直接的“母子关系”（第1阶段的“母子”）的母项和子项组合。最终产品由多个中间品组合构成，只要其BOM正确，即使中间品和子项的BOM之间有误，也不会影响最终产品的判断。子项BOM的错误在母项上不会重复计算（图2-7）。

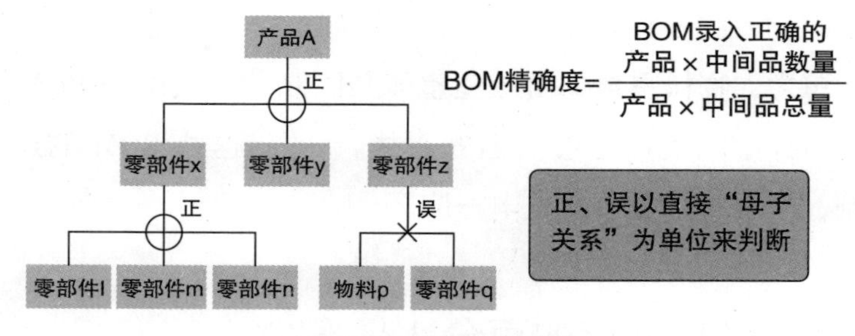

图2-7　BOM的精确度

在多品种生产企业中，跨越全部项目调查该精度值是一项工作量庞大的作业。这是一种类似数据盘点的操作，所以最好和本次这种物料管理改革或BOM系统移行等大的课题一起配合实施。

此外，一般应该选择对象产品群进行样品检查或通过循环盘点进行循环验证。

对BOM现场使用部门的生产部和材料部而言，只要建立每次指示上添付和参照的BOM主数据的机制，就能随时验证BOM

的精确度。因为接到不合理的指示时能够立刻发现问题。

你提到的设计变更由什么人、在什么时间、怎样跟踪都是一个很重要的问题。在市场竞争形势严峻的今天，持续不断地对产品进行变更是不可避免的。因此，企业必须以设计变更通知为主轴，更新作业的流程和职责分担，构建责任和权限关系。

此外，与盘点在现货管理中的位置很重要一样，盘点和调查主数据也很重要。但令人遗憾的是后者似乎往往被人们忽视。库存出现误差虽然会对资产负债表产生影响，但即便信息不一致，也仅仅表现为生产效率下滑，不会直接表现在财务诸表中。这恐怕是现代会计制度的局限。

即使这样，因为提高生产效率是生产技术部的责任之一，还是建议通过盘点 BOM 和物料主数据获得各种统计。“统计”是指对下述项目进行调查。

（1）录入的 BOM 数

相当于前面公式的分母。

（2）BOM 的精确度

是现在说明的项目。这一项能进一步增加和测定零部件的单价、重量、工艺路线（Routing）的重要程度等，有助于提高生产效率。

（3）品种数和替换速度统计。

这是观察设计变更和生产终止变更速度的一个项目。

（4）成品率、不良率。

这一项稍后详细论述。可能有人对于在 BOM 中录入该项有抵触，但录入它很重要。

由于这些 BOM 精确度的测定和持续提高生产效率的活动，BOM 才开始真正发挥作用。我们也因此感受到 BOM 是有生命的存在。相反，如果不积极从事这些活动，数据内容就会不断陈旧失效。那么，每个人及每个部门就不得不重新构建自己使用的局部 BOM。

最近，笔者经常接到关于探讨引进 ERP 的下一步——生产排程系统（APS）的咨询。但是，当了解对方企业的现状后我不得不遗憾地回复："非常抱歉，从贵公司 BOM 精确度的现状来看建议暂不引进 APS 系统。"这种情况屡见不鲜。

充分掌握 BOM 的精确度是提高生产技术的重要一步，这一点希望大家理解。

专栏 1　化妆品厂的 BOM

BOM 在发挥作用吗

BOM 必须能够反映使用它生产的产品特性。产品特性中包含的供应链管理（SCM）的课题在 BOM 中怎样体现呢？又怎样解决（或任其处于未决的瓶颈状态）呢？从客观角度出发分析这些问题非常重要。从这层意义而言，现在重新审视产品的特性很重要。

例如，在化妆品这种产品的特性问题上，化妆品厂家似乎面临下述课题。首先，新产品必须紧跟春夏秋冬的季节变化投放市场（产品开发的半年到一年的时间是无法跟进市场需求的）。由于商业广告的结果好坏等不可知因素导致需求变动大，需求预测往往很难切中。需求率以3成到4成的高比率变动。随着多样化销售渠道的需求和市场需求，产品种类趋向于越来越多（即使同一种商品，也需要准备小瓶装样品、密封包装面膜、试用装、常售品及其他商品组合装等多形式的成品发货）。此外，为了和商业广告等市场营销互动，必须在交付期内准确地完成生产。

因此，对于承受极其严苛条件的化妆品生产厂家而言，具备短期内持续开发商品的开发能力、准确把握市场需求变动的市场能力（虽然很难命中需求预测，但必须进行需求信息的速度分析）、应对需求变动的生产灵活性和爆发力是企业竞争战略的核心。为了实现这些战略，应该将作为支持SCM基础数据而存在的BOM，在商品企划、设计、生产技术、制造、购买、物流和销售等所有部门间共享并灵活应用。

此外，BOM信息绝不是固定信息，而是根据供应链各阶段的需求而时刻变化的。BOM必须在企业中发挥作用，经常接受新信息并更新，再进一步继续发出新信息。贵公司的BOM在发挥作用吗？

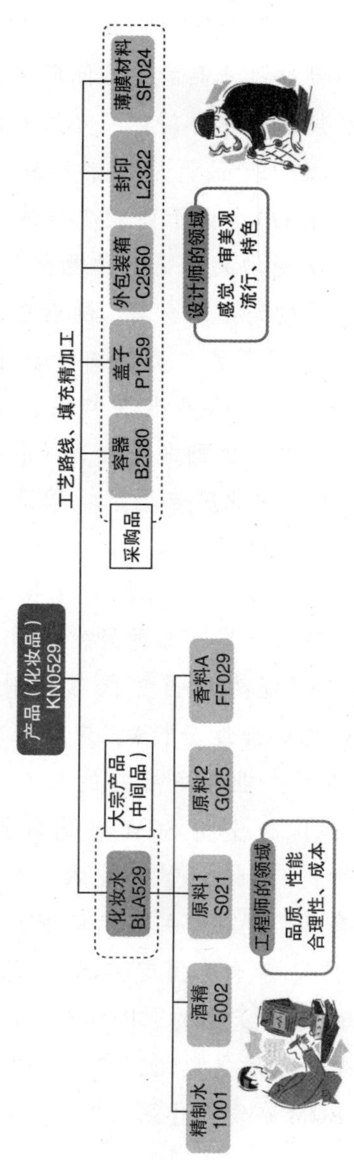

图2-8 化妆品工厂的BOM

反映项目文化的 BOM

化妆品的成品制造的 BOM 由相当于化妆品主体的包装（化妆水、乳霜、口红等）和存放容器即包装材料构成，而且包装的开发制造由研发部和制造现场掌握主导权，容器即包装材料的设计和采购由设计部及采购部掌握主导权，也就是说在生产成品最终工序 BOM 中，包装容器和包装材料这两种性质各异的材料比肩而立。研发同制造项目以及设计类项目在一个 BOM 中怎样关联，同时与成品相关的问题，是一个重要而且困难的课题。那么，困难在什么地方呢？

包装制造的主作业是原料搭配、混合和加工。除了特殊香料，原材料能在较短时间内进行补充。此外，一部分制造工序可以委托外购，但通常在本社工厂完成。近来，随着一些需要经过特殊处理的产品出现，生产工序越来越复杂。即便如此，在一定程度上由企业控制和计算的工序仍然是中心。

与此相对，容器和包装材料的性质差异很大。这些物料原本不在本企业生产，而是从企业外部筹办。这一点和化妆品不同，除此之外，它们还是左右商品销售的重要因素，从战略角度而言需要格外重视（因根据外观和印象购买产品的消费者仍然很多）。而且化妆品的销售能不能成功多依赖于设计师的艺术。

设计是有所束缚的世界，无法脱离怎样低廉和迅速完成商品的生产现场的思维模式。为了使用具有某种质感的物料，有时需要通过国外厂商来筹办，或者放弃标准品，追求与标准品仅毫厘之差的特供品。因为在确定这些物料的规格中耗费时间，采办期也会不得已而延长。

在成品制造BOM中，这些蕴含不同文化底蕴的产品并不多见。这些属性各异的项目在BOM中稳定吗？属性各异的包装容器、包装材料项目可能会在BOM中引发冲突并在生产现场导致混乱。

或许只要在BOM中掌握这些物料的不同属性，就能将冲突控制在最小程度。在仅仅完善了简单标准信息的MRP中，问题将无法解决。怎样理解和掌握信息背后蕴含的文化特质是物料管理的重大课题。

第 3 章
用于计划和日程安排的 BOM

Q　在生产计划中使用 MRP 吗

——不用，只在展开零部件时使用。MRP 在采购时用于订购，一般的做法是等零部件备齐后，从最上游的工序发出批量指示进入各工序。

部分项目根据看板领取。

首先，先说明一下 MRP 是什么?

MRP 是 Material Requirements Planning 的缩写，是 1960 年出现于美国的一种计划方法。 翻译成日语是“物料需求量计划”。

这里最重要的是“需求量”的含义。“需求量”是当时所需的数量，分为总需求量和实际需求量。

例如，销售部接到客户订单后向工厂发函，要求本月末之前发货 100 件产品 A。本月末的总需求量为 100 件，假设该产品原有 70 件库存，那么到本月中旬为止预定发货量应为 30 件。

那么，本月末预计的可能库存量是 70-30 =40 件。如果考虑安全库存量在内，就要再加入少量预计，这部分暂时忽略不计。

这时，到本月月末为止的实际需求量是 100 - 40 = 60 件，即

实际需求量=总需求量-预计的可能库存量

截至本月月末，工厂接下来必须生产 60 件产品 A。即产品的实际需求量具有与该时点为交付期的生产指示（生产订单）相同的意义。

那么，在组装产品 A 的最终工序中，假设与产品 A=1 件相对，零部件 x、y、z 各需 2 件、5 根、1m。因为产品 A 的实际需求量是 60 件，所以在最终组装工序中零部件 x、y、z 分别需要准备 120 件、300 根、60m。这被称为零部件层面的总需求量或从属需求量。

零部件的总需求量=产品的实际需求量×1 件产品的单位零件件数

假设现在工厂物料库中的可用零部件 x 为 50 个。

零部件 x 的总需求量 120-预计的可能库存量 50=实际需求量 70

也就是说，还需要生产零部件 x 70 个。

进一步讲，假设生产一个零部件 x 需要原材料 m 和辅助零部件 n 分别为 2 张和 3 个。那么，m 和 n 必须各准备 70×2 = 140 张、70×3 = 210 个。

因此，从产品追溯零件表，再到外部购入的原材料，只要重复该计算，就能算出生产产品 A（为了和中间产品区别，有时也被称为最终产品 End Product）所需的材料购买量。这就是 MRP 的零件展开计算（图 3-1）。

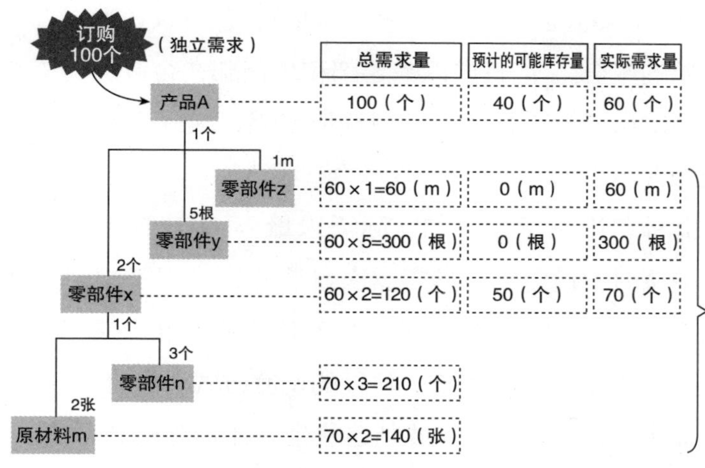

图 3-1　MRP 需求量的展开

MRP 最初是为了准确地确定物料的分配数量产生的。过去在美国，提到物料分配通常是指订购点管理，但订购点管理原本是以需求相对稳定的产品为对象而衍生的方法。把这种方法用于物料，适用在螺钉、螺母等持续平均消费的物料较好，但并不适用于特供品零件和中间品。

MRP 具有的划时代意义用一句话说是将“需求”分为独立需求和从属需求。“独立需求”是针对最终产品的需求，无法按生产者的意志转移。另一方面，关于零部件和物料需求，只要确定产品的需求量就能确定，所以它们被称为“从属需求”。从属需求应该早已脱离订购点管理阶段。

在 MRP 中，首先应该根据计划对象期内最终产品的独立需求，在各工厂确定各产品的预定产量。这被称为主生产计划（MPS= Master Production Schedule），也可以认为它就是生产订单的集合。而且应以销售部和生产部在企业层面统一对该数量的认识为前提（这看似理所当然，实际上背离原则的企业为数不少）。

此外，当注意物料的实际需求量 = 生产订单（生产指令）关系时，就会发现其实需求量计算只是用于制定零部件的生产计划。在此，除了纳入后面论述的标准周期和时间段概念外，MRP 还是一种安排日程的调度方式。它超出单纯的物料需求量计算，逐步形成制造业生产计划的核心方法。这种综合方法也被称为 MRP Ⅱ，稍后将纳入 ERP 软件（综合业务软件）的设计思想中。为了与之区别，本书将以零部件展开为基础而进行的物料需求量的计算简单地称之为 MRP。

而且，日本国内还有一种认为 MRP 与传统生产编号管理及看板方式不兼容的观点。对这一点我需要稍加说明，因为无论哪一种方式零部件展开的部分都可以共享。

在生产编号管理中，以零部件加工为首，所有生产指令都与“生产编号（或订单编号）”相关，是一种适合单件成本管理和进度管理的机制。但是，对于批量零件的整理和中间库存的剩余，并没有较好的建议（中途加工品库存全部是工序滞留的结果）。

另一方面，因为大多数美国制造业采用经济批量生产中间品，所以，诸阶段的库存预测计算都用 NRP 来处理。

但是，只要在 MRP 计算中将中间品的库存原则设为零标准，避开批量处理，结果就一样了。此外，在日本现售的 MRP 软件包中，伴随需求量展开计算的同时保留与最终需求（生产编号）关联功能的情况很多。

在看板方式中，MRP 计算对于零部件展开和确定购买量来说是十分必要的。按传统看板方式进行的企业间交易是通过提前内部提示和配套展开运用的。根据提前内部指示确定总需求量，采用看板方式指示和控制分期交付。发布可信的内部订购指示是订购方的责任，确定该内部指示量时需要制定标准生产计划，而且应该根据实际产量和顺序计划拉动看板（品牌）。

生产厂家本身采用看板方式交纳零部件时，交付方发出的内部指示是需求量展开的基点。但是，当内部指示的精确度不够或领取时机过于迫近时，即使展开 MRP 需求量对分配也没有帮助。在这种情况下，只能利用本社库存应对，并相信供货方的供应能力或采用看板方式拉动。看板和 MRP 无法相互妥协就是出于这个原因。

与使用或不使用具备 MRP 的调度功能无关，需求量计算在任何一家制造业都是一种通用的方法。

MRP 的需求量计算本身比较简单，所以看起来较合理。但是，为正确进行计算必须充分完善 BOM，并正确掌握产品和零部件的预计可能库存量。 如果是有工厂现货管理经验的人，相信你一定明白要正确掌握中间零件和原材料现存量需付出多么扎实细致的努力，特别是出现中间批量时非常麻烦。 MRP 的理论虽然简单，但实施起来并不简单的道理就在于此。

Q 在 BOM 中录入辅料吗

——您的问题我不太明白，辅料指的是什么，是指模具之类的吗?

辅料作为构成产品的零部件虽然不为人知，但它在生产工序中却是必备的原材料。 具体地讲，辅料是用于涂料、切割油，或以固定工作为目的、用完后丢弃的垫片等。 辅料的特征是伴随生产、同时逐渐消耗和减少的物料，所以制定计划时必须确定辅料的必要数量。

模具等物料是即使生产作业结束也不会丢弃的物品。 虽然它们多少有些污损或消耗，但一般经过清洗和再生后能够循环利用。 这些物品不是辅料，而是被称为“制造资源”

（Resource）。“资源”是指生产所需的物料中除原材料和信息以外的其他物料。机械设备、驾驶员、模具、设备工具等都是资源；清洁剂、空气、电等也属于资源。因为用于消费，所以它们通常被当成无限库存处理。

但是，涂料等附着在产品表面，所以作为产品的一部分发货。还有，只要大家观察实际的喷涂工序后就会明白，一定量的涂料会随部分飞沫或毛边被丢弃。我们把这些消耗品称为辅料（图 3-2）。

		产品设计图	库存
构成BOM的物料	物料（零部件、材料、原材料等）	记录	管理对象
	包装材料（容器、标签、盖、袋、外包装箱等）	根据种类	管理对象
	辅料（涂料、切割油、垫片、电子管材料等）	未记录	管理对象
资源中的分类物料	用途（清洁剂、空气、电等）	未记录	不管理（无限库存）
	模具	（有特殊设计图）	管理对象
	设备工具	未记录	不管理
	物流材料（运输托盘、周转箱、集装箱等）	未记录	管理对象
	催化剂、辅助催化剂、化学处理材料	未记录	管理对象

图 3-2 生产必需的物料种类

设计图上一般没有关于辅料的数量记录，设计部的人对这些辅料不太关心。与此相比，辅料的需求量根据该产品经过什么生产工序而定，因此，生产技术部在工序设计结果中对辅料才首次做出规定。BOM 制作不能只靠设计部一个部门完成的理由之一就在这里。在BOM构建过程中，关于辅料很明显必须由生产技术部负责制作。

另一方面，辅料分配通常由采购部负责。连接二者之间的职责是生产计划责任部。

关于零部件和物料分配，因为其重要性，所以任何人都会关注。但是一到辅料分配就容易被人遗忘。如果能在BOM中准确录入辅料，就能运用与零部件需求量展开相同的方法来计算辅料的需求量。因此，作为生产计划的结果，也不该忘记辅料的分配。

即使这样，辅料仍具有在大多数产品和生产工序中通用的特征。因此，从库存管理的角度来讲，辅料虽然属于ABC分析法的C类数量，但从它经常平均被消耗的特征来考虑，可以认为用于订购点管理的情况较多；而且辅料的单价一般偏低，比较适合订购点管理。综上所述，即使大多数工厂并未在BOM中录入辅料，但到此为止人们也没有感到太多不便。

此外，被称为大宗物料的物品也可以归入辅料。比如小型标准螺母和螺钉，虽然属于零部件，但在组装工序和检查工序中频繁被消耗。即使图纸上只标有30处螺母的固定位置，实际上使用33~34个的情况也很普遍。而且螺母和螺钉在各种产品中通用，所以采用与辅料相同的处理方式可能更合理。

辅料和原材料之间并无严格区分，但是与原材料针对一个产品确定必需数量的特征相对，辅料是伴随生产工序逐渐变化的，从这一点来讲二者不同。应该将工序设计之后在BOM中录入辅料的事项规定为业务流程之一。

Q 在BOM中设置标准周期吗

——不！标准周期全部设置为零。这是一个现实问题，周期等根据工厂内流动产品的品种组合和数量不同，其滞留率也千差万别。所以无法设定标准值，而且也没有意义。

对MRP技术而言，标准周期的思考方式相当于重点核心。通过设置标准周期和BOM组合，MRP在作为物料需求计划的同时，会超越采购工具这一结构，发展成为整个工厂的生产调度工具。同时，MRP的弱点也因为隐藏在标准周期的思考方式中而逐渐明确。

为了阐述标准周期的问题，首先我们必须理解“时间段”的概念。“段”是用周、日等时间单位来区分表示时间的一种衡量标准。时间本来是一种连续流动的物质，但从工厂操作、轮班作业的关系或方便制订计划等方面来考虑，划分恰当的“段单位”非常实用。

MRP的标准周期以这个时间段（最小单位）为单位衡量。如果最小的时间段以日为单位，标准周期就用2天或5天等日单位表示，不用15小时或1 000分钟等衡量。从某种意义而言，一个时间段之中是平均的时间。

那么，标准周期与 BOM 的关联是什么意思呢？ 如前所述，在零件表的“母子关系”中必须附带“加工及组装子件，生产母件”的工艺流程。 虽然这被称为工艺路线（加工顺序或工序），但应在该工艺路线中设置标准周期。

例如，假设泵这种“母产品”的 BOM 由引擎驱动和密封环等子件构成。 BOM 中必然有由组装子件来生产成品泵的组装工序的工艺路线。 该组装工序的标准周期采用时间段单位来设定。

而且，组装加工厂有时采用 IE（Industrial Engineering 工业工程）法确定标准作业，设定标准作业时间用于成本计算标准，这从始至终都是作业时间的标准值。

在这里，标准周期与实质作业时间的概念不同，这一点务必注意。 围绕 MRP 引发的众多争论均源于这一点。 人们经常评论医院的排队时间长，“大医院排队 3 小时，看病 3 分钟”。 实际上诊断花费的作业时间只需要 3 分钟，但在医院里从挂号到结算为止的周期（时间段）却是 3 小时。

当制订个人计划安排时，如果把去医院列入日程安排，这时就不是 3 分钟，而需要预留 3 小时，这就是标准周期的概念。 在 3 小时中，2 小时 57 分可能是因滞留所致的排队等待时间。 因为去医院的日期不同，可能有时看病的人多，有时人少。 但根据经验判断，一般情况下只需 3 小时，就足以办完所有事情。 所以，可以认为需要预留出半天时间（图 3-3）。同理，工厂中工序滞留的状况也会时常发生变化，但周期的大致标准却能确定，我们将这个大致时间作为“标准”。

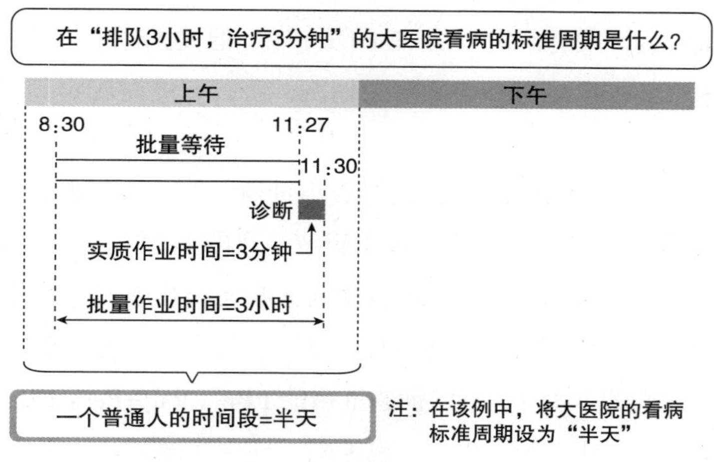

图 3-3　标准周期的意义

因此，为什么在标准周期中使用“平均值”不当是显而易见的。“平均值”是两次事件中 1 次的概率，实质周期远比它更长，因此平均值不能用于计划。

BOM 的“母子关系”中必然附随某个 Routing（工艺路线）。其标准周期的长度以段为单位设定，这就是 MRP 中 BOM 和周期之间的关系。

MRP 中的标准周期原则上是固定的，不依据批量的数值来设定。不管是 1 个还是 100 个，在同一周期，这一点上看似完全背离直觉（虽然也有按比例计算的时间段）。但是，美国对于 MRP 的运用很重视批量处理。 美国人在 MRP 中定义最小批量，生产订单量低于最小批量时，就能进行批量处理。

如果不用批量处理，每次只处理生产订单净需求量的方法被称为“按需订货（Lot For Lot）”。 但美国似乎不会考虑对一个需求量生产一个产品的情况，所以可能对固定周期并不排斥。

有时也根据机械限制确定最小批量，但也有根据经济批量公式计算的情况。 在土地空置率较高的美国，因为仓库保管费价格低廉，所以经济批量倾向于偏大。 虽然也有一种不采用经济批量，而在计算过程中计算库存量推移和转线生产成本之间的平衡后，确定动态批量的 PPB（Part-Period Balancing 部分周期平衡）法，但也因同一理由导致批量偏大。 美国形成批量生产的思考方式的原因大致于此。

而且，在利用现代先进生产调度（APS = Advanced Planning & Scheduling）时，作为这些总标准周期的替代，在主数据中定义瓶颈作业时间，录入 3 分钟诊断内容。 然后，关于 3 小时排队内容根据计算得出实际生产订单的滞留时间。

瓶颈作业时间一般是比例时间和固定时间的合计。 所谓比例时间，假设一个金属切割作业耗时 3 分钟，生产订购是 100 个，300 分钟即耗时 5 小时，就是按产量比计算的作业时间。 所谓固定作业时间，例如冷却旋床的准备时间，不管是 1 个还是 100 个，是指耗时固定的作业时间。

进一步讲，例如退火或装料锅等工序，不管处理量是 1 个还是 100 个，其处理时间不变。 这类作业中没有比例时间。反之，批量处理作业的特点是中途不能中断作业。

为了利用 APS，必须在主数据中录入这些具体数据。 所以完善和构建真正的 BOM 数据的体制非常重要。

Q 在工艺路线（Routing）中录入资源吗

——是的。我们工厂在各个工序中录入作业人数。但是，考虑到节省人力成本的关系，存在一人负责多台机器或繁忙时在工序间临时机动地调度人员的情况，所以即使录入作业人数，似乎意义也不大。

首先，让我们分析一下工艺路线（Routing）是什么（图 3-4）。“工艺路线”一定是连续进行的一个以上的作业总和，而且 BOM 的一层“母子关系”对应一条工艺路线。 从这层意义讲，也有很多由一个作业构成的工艺路线（从“一个以上作业”这层定义来讲也合乎逻辑）。

一般来讲，只要产品的工序设计确定，就能录入工艺路线的信息，就是说工艺路线的信息也是工序设计的产物。

那么，工序设计就是确定“操作人员使用哪一种机械和工具，遵循什么操作步骤，怎样生产某种产品”。 换句话讲，决定什么工艺路线使用什么资源的就是工序设计。

那么，资源（Resouce）是什么？ 在生产管理领域中，资源指“除材料、辅料和信息以外生产过程中必需的物料”，具体指机械设备、工具、作业场所、模具、动力、服务、作业人员等等。顺便提一下，人才在英语中被称为人力资源（Human Resource）。对于将重要人员和机械并称“资源”，大家可能存在一定的抵触心理。

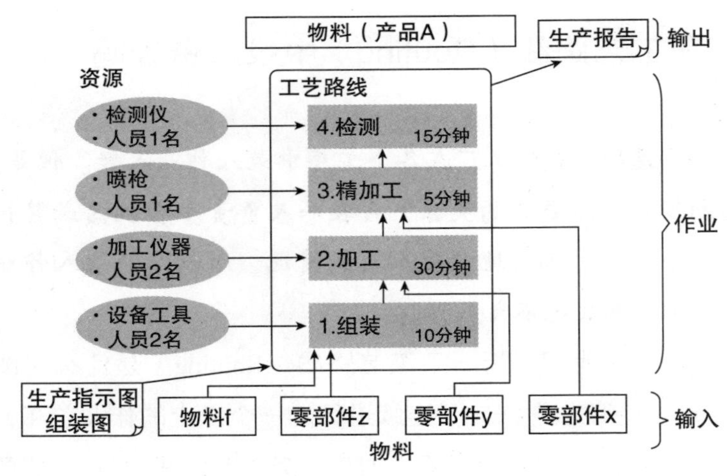

图 3-4 工艺路线（Routing）的数据结构（同图 2-4）

与辅料不同，资源的特征是伴随生产过程不会被消耗。机械、设备工具和作业场所等是其典型。也就是说，资源在生产操作中被“占用”，一旦作业结束就再度“释放”，恢复至原始状态。资源的作用机制与化学反应的催化剂很接近，即使其本身不变，也有助于物料成为产品。所以，催化剂在化学工厂中也属于资源之一。

录入工艺路线时需要录入使用（占用）资源的种类和数量。

但是，大多数资源伴随使用的同时逐渐消耗，这和催化剂丧失活性恰好相同。这些资源必须“再生”，模具就是一个很好的例子。操作员在某种意义上也一样，他们经过休息、摄入饮食后重新恢复初始状态。

从这些观点来看，还是应该记录各种资源的使用历史和再生过程。希望进一步提高安全管理中的重要资源和再生资源等的管理水平时，不仅应在工艺路线中录入资源的种类和数量，还要对各种资源标记整理编号并保留历史记录。

此外，水电等全方位资源虽然性质稍有不同，既不对应“占有和释放”，和购入保管的辅料也不一样。这些资源按时间来计算消费量。

在多种不同作业中，共同使用同一资源的情况屡见不鲜，与多工种操作员的道理一样。我们不能死板教条地分析工艺路线和资源之间的关系。

对这些多样化资源的处理，计划和日程安排其实容易成为最大的制约条件。而且，是否在工艺路线中正确录入资源制约着 BOM 在生产计划中的有效利用，这一点希望大家能了解。

Q 在 BOM 中会设置不良率吗

——不会。不良率大体属于质量管理问题……为什么非

在 BOM 中录入呢？我们部门产品的不良率约为 0.5%，怎样设法降低这个不良率更重要。如果在主数据中录入该值，可能会降低现场改善的热情，不是吗？

“不良率属于质量管理问题”的说法既对也不对。检查最终产品、排除不良品、获取不良率统计确实是质量管理科的工作。但是，决定产品质量的并不仅仅是质量管理科一个部门。怎样在整个工艺路线中打造产品质量，应该是生产管理的重要课题。

为此，必须在生产各阶段，即从 BOM 层次的下层逐级向上追溯，仔细考虑具体需要在生产工序的哪个环节保证产品的质量。

虽然这样评价有些失礼，但大多数企业对“不良率”的定义本身就比较模糊。即使在同一家企业之中，不同部门对“不良率”的定义也各不相同。因零部件、物料状况不佳引发的不良和因工序失误引发的不良应该区别对待，前者属于物料采购科的问题，可以从工厂不良率中排除。

在此，首先根据生产作业（工艺路线），对高于 BOM 一层时的物料产出率（Yield）作出如下定义：

$$\text{产出率}=\frac{\text{从该工艺路线实际产出的母项的数量}}{\text{应从该工艺路线产出的设计数量}}$$

但是，这里的“应该产出的设计数量”是根据投入该工艺路线的子件量和设计的 BOM 需求比来计算的。

例如，从设计角度讲，组装一个母项 X 需要子件 A、B、

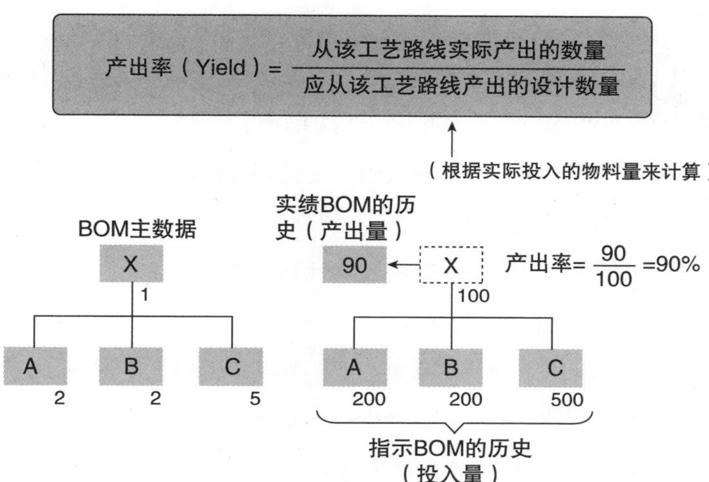

不良率（Shrinkage）= 1 – 设计中所需的投入量 / 实际消耗的物料量

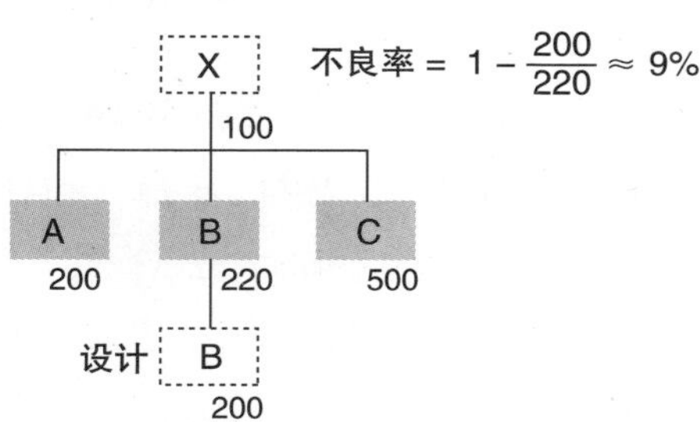

图 3-5　产出率和不良率

C 的比例是 2 ：2 ：5。在某天的作业中，子件 A、B、C 分别准备 200 个 ：200 个 ：500 个组装，假设产出的母项中质量检查合格的是 90 个，那么产出率 = 90÷100 = 90%。

但是，在准备的 500 个子件 C 中实际只有 450 个可用件时（假设剩下的 50 个子件购买时就是不良品），该怎么办呢？即现在“应从该工艺路线产出的设计数量”是 90 个，由此可知当时的产出率是 100%。

大家觉得怎么样？ 产出率就是该“工艺路线”的产出效率，即测量作业的质量。

此外，可以认为未形成最终产品的物料应进行废弃处理。 如果这些物料能够作为原材料再利用（回收），就应该作为工艺路线的产品录入原材料。 这时，就能在 BOM 中形成环状结构（本身具有“母子关系”）。

接下来，让我们对不良率（Shrinkage）进行定义。

$$不良率 = 1 - \frac{设计中所需的子件量}{实际消耗的子件量}$$

“设计所需的子件量”根据 BOM 中规定的零部件需求比乘以应生产的母项数量来进行计算。 沿用前面的例子，假设生产 100 个母项所需消耗的子件 A、B、C 分别是 200 个、220 个、500 个。 因零件形状等原因导致组装作业难以进行，子件 B 格外重要，前提当然是准备的零件 B 全部是合格产品。这时，子件 B 的不良率约为 100% -（200/220）≈9%。

也就是说，不良率表示工艺路线中使用的各种“零部件”浪费的比例。 产出率和不良率分别用于测量工艺路线的投入和产出。 这一点大家能理解吗？

当工艺路线 X 之后是接续工艺路线 Y 时，综合产出率会怎么样？ 不用说，是 2 个产出率和不良率的累积。

那么，工艺路线不是对所有生产阶段进行检查，因为检查会消耗多余的资金和劳动力。 但是，如果不良件持续流入后道工序并在最终检查环节中检出，之前耗费的物料和劳力就会付之东流。 所以有必要考虑在生产过程的什么环节设置检查会最有效？ 为此需要在 BOM 中录入产品不良率和产出率。

此外，根据生产计划中需要通过最终产品的数量对原材料的零部件展开做计算的要求，必须考虑不良率和产出率。这也是在 BOM 中录入产品不良率的理由。

第 4 章

用于采购的 BOM

Q　你了解供应链物料管理的基本原则吗

——我对供应链的理解是按供需之间的连锁关系掌握从原材料到最终产品的过程，根据各自之间的联系实现库存最小化、缩短交付期等的一种目的。关于供应链中的物料管理，“在需要的时候，按需要的量生产所需的产品”这个原则非常重要，不对吗?

当大家试着对供应链进行分解后就会发现：供应链中存在着几组供需关系，各组之间相互衔接形成供应链的整个过程。例如，最终产品的需求和供应该需求的销售店、销售店的库存出库和针对该出库由制造公司供应的产品、以生产为目的的物料需求和对应该需求来自物料厂的供应等，供应链由供和需的连锁关系构成。

那么，构建这种供需关系是什么意思呢？“在需要的时候，按需要的量生产所需的产品”这个原则又指的是什么？这个原则看似简单合理，但仔细思考后就会发现，它在理解供应链的概念中是一个非常重要的课题。

这里希望大家注意一点：供需的主体各不相同。也就是说，最终消费者和销售商品的销售店、销售店和制造公司、制造公司的采购负责人和供应链等不同组织，以及不同企业嵌入这个供需关系链中彼此相遇。那么，是否能在这种不同组织及不同企业之间正确共享“在需要的时候，按需要的量生产所需的产品”这一信息是一个问题。

“所需的产品”究竟是什么？

例如，某工厂为了固定某产品 A 的盖子需要一种螺钉。这是一个对具有固定盖子“功能”的螺钉的需求；进一步讲，为了控制预算成本需要一种符合预算的螺钉。对此，供应必须满足需求规格，符合该需求的螺钉是某供应商提供的商品目录中的 X 型螺钉。

那么，这个需求和供应一定吻合吗？例如，假设其他供应商提供一种同款的 Z 型螺钉。X 型和 Z 型到底哪一种更对应“所需”呢？如果产品 A 的规格发生设计变更，对螺钉的需求也要随之改变，这时是否应该对 X 型和 Z 型螺钉重新进行准确的评价。

这里，可以认为“采购”是需方要求的规格和供方提供的性质状况之间的匹配作业（对应）,这样思考很重要。

同样，“在需要的时候，按需要的量生产”这一点上，因为供需双方各自的认识不同，有各自的想法，所以不一定共享。

看板方式中有一种代表的 Just In Time（JIT，准时生产方式），是一种调整需求与供给的供货方式。 这是一种通过在供需双方极限承受范围内相互妥协（现实情况一般是供方单方面妥协），将相互之间的认识偏差和信息偏差控制在最小范围的方式。

JIT 供货方式似乎被视为一种解决生产现场库存问题的终极方案，但是，为了使这种方式成立，需要解决一些特殊的需求条件，所以不能称为适用所有生产现场的最佳方式。 例如，JIT 供货方式成立的条件是生产平均化、批量交货的项目、全套组装厂掌握主导权等等。 理解谁掌握主导权是解读供应链的重点，关于这一点，只要调查物料编码的编号由谁实施，就能知道谁持有主导权。

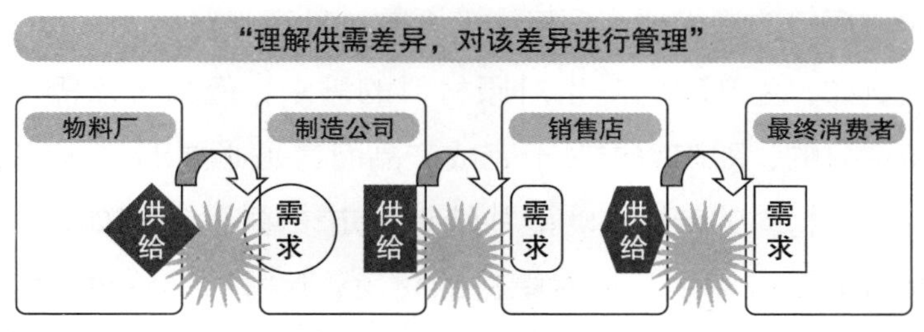

图 4-1　需求与供给的连锁

除了这些特殊例子之外，供需之间必定会存在一些差异。 可以说只要列举出供应链中物料管理的基本原则，就能“理解供需差异，对该差异进行管理”。

“供需关系”意味着供需双方之间的“文化和思想”的冲突。“构建供应链”就是对复杂相关、时常冲突的“文化和思想”进行疏通。

Q 在供应链中使用通用项目编码吗

——不！我们使用的项目编码和供应商使用的编码不同。订购时用我们公司的项目编码，在项目主数据中对二种编码之间的对应进行管理并构成关联，所以没有问题。

那么，怎样在供应链中填补这种供需差异呢？ 我认为首先是特定“所需”，围绕项目编码（物料编码）进行思考。

当然，项目编码是构成 BOM 的要素，也是采购、流通、库存管理的关键编码。 进一步讲，项目编码是每个企业和组织对该项目的追求或该项目中蕴含的一种意义。

例如，生产现场产生对原材料的需求，但由于该需求出于特定目的，即该需求对于完成产品而言是必要的。 应该注意这种原材料的特性、功能并特别规定该项目。 例如，当需要螺钉时，按需求规格对螺钉的材质、尺寸、形状进行定义并与项目编码关联。 制造方 BOM 中使用的就是这种项目编码。

同时，销售方也应该对某种具体商品标注项目编码。因为有具体产品，所以规格必须统一。并且，如果部分规格变更，就需要改变项目编码或在项目编码上添加变更信息。

厂家不同时，项目编码自然不同。将需方的需求定为“规格”，与供方供应项目相关的信息（Sepc）定为“性状”，二者区别后就好理解了。例如，需方提出的“规格”是 10mm 以下、5mm 以上，供方可以用 9.4mm 的“性状”来回复需方。

这样一来，因为供需双方对产品的界定不同，容易形成一对多的关系。也就是说，与需方要求的一个项目相对，供方有多个对应的项目编码。

此外，假设需要从商社采购物料。商社背后有几家购入方厂家，有时会出现几家商社分别购入同一物品的情况。这些物品从物理角度来看是同一种，但各个商社会在本社的商品目录中按本社产品编码后对外销售。

在这种情况下，这些物料的售价、包装虽然因为交易情况不同存在差异，但可能打开包装后内容是相同的。有时这会在购买方中引发混乱。

为了疏导和管理这种关系，在 SCM 系统中采用项目主数据或项目购入方主数据利用主数据，对本社项目编码和购入方项目编码之间的关系进行管理。此外，因为对后者进行管理，所以还能录入并管理原始厂家的产品编码。

可以说采用具有不同涵义的项目编码交易时的情况与使

用多国语言的国际会议相近。配备多语种同声传译的国际会议存在低效率和不正确（有时伴随危险）的问题，参加过这种会议的人都能体会到。在生产、采购、物流这个供应链的世界之中也会发生类似的情况，系统就像其中承担同声传译的角色。

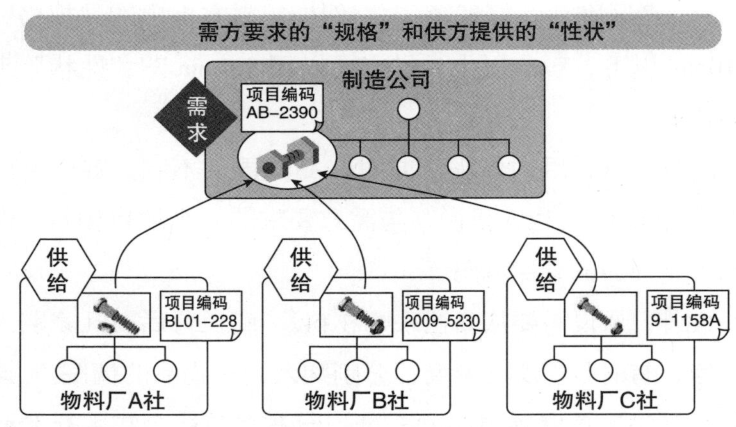

图 4-2　项目编码的意义

针对日常生产现场中发生的退货、返工、订购变更等问题，只要深究原因就会发现大多数问题的根源可能出在这种供需关系的差异上。重要的是认识这种差异，进一步明确管理和发送需求规格。对供应方来讲是更准确地发送能够提供的项目信息。不论哪一方，构成信息的基础都是正确的 BOM。

Q　在 BOM 中录入采购单价吗

——单价？单价是在采购管理系统的主数据中管理，作为各项目购入方的单价进行账簿管理。单价信息无法录入 BOM，因为采购条件随购买情况时刻变化，这正是我们的工作。我个人认为分开管理比较合理。

下面，我想对采购条件的支柱——采购单价和采购周期展开论述。

关于采购单价，首先，我想对决定采购单价的采购战略进行大致整理。这个话题看起来合理，但采购战略必须在考虑采购的项目特性（通用品还是特供品）、需求量、采购时机（少量或多量、库存或继续）等条件后再确定。一般情况下，采购条件和可实施的采购战略组合参见表 4-1 所示。

关于相对容易获得和保证多家供应商的通用件，以向多家企业购买为基础通过询价降低采购单价。大量连续采购时，还能超量累计让价，即签订以总订单为基础单位的采购合同。

另一方面，特供品首次签约时，与其和多家公司交易，不如签订合同与特定供应商建立合作关系，才是上策。在这种情况下会存在降价空间，因随着产品生产的结束需要对原材料供应进行调整，所以采取设定多个单价的策略会更合理。

表 4-1 采购类型和可选择的采购战略的例子

	少量/库存购买	大量/连续购买
通用品	向多家企业购买 根据商品目录选购 多项目组合订购	向多家企业购买 根据投标选择购入方 超量累计让价 总订单 向国外订购
特供品	向特定购入方订购 交货期优先	根据投标选择采购方 重视与特定采购方之间的合作机制 设定多个单价 总订单 JIT 供货方式

此外，为了在较短的交货期内拿到优质产品，还是首选国内供货方为宜，这时单价设定只能偏高。反之，交货期时间充裕、品质打折扣时可选择单价低廉的国外供货商。需要在考虑交货期、品质和单价调整的同时，根据生产计划来采购。

因此，根据供应特性和采购情况，单价的逻辑设定和单价本身也会发生种种变化。合同成立并在主数据中录入数据不能简单等同于作业就完成了的理由就在这里。

与采购条件、采购签约方式相对的多重选项（一般根据采购负责人怎样增加该选项来评价）使制订生产计划的条件变得更加复杂，还会对生产现场产生各种影响，但在实际生产管理逻辑中能列入多少单价信息还有待商榷。

产量由生产计划决定，在该基础上确定 BOM 并展开 MRP 计算，根据实际需求进行订购。在该处理过程中会考虑多少关于采购单价的问题呢？一般来讲，MRP 计算以需求量和周期为基础展开逻辑计算。采购单价信息被排除在该逻辑之外，最多只以与采购条件相关的信息（采购周期、订购批量、最大订购量等）形式录入物料主数据（这时成本仅作为生产结果附注）。

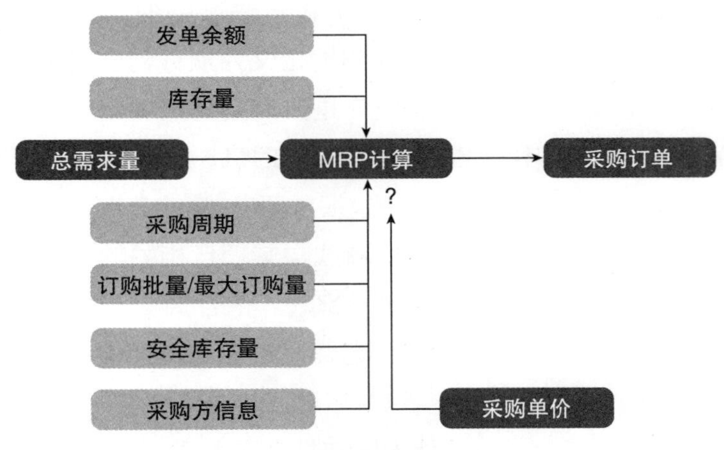

图 4-3 采购订单的确定逻辑

希望通过 BOM 改善生产过程时，怎样在生产计划或生产实践逻辑的基础上列入该采购单价信息是改革的关键。

确定 BOM 和单价信息之间的连锁机制、与实际单价信息（与支出 BOM 关联）联动、在计划阶段提高标准成本计算的准确度，这是以供应链为基础的生产管理的目标之一（图 4-3）。

Q　在 BOM 中录入采购周期吗

——采购周期根据供应商和项目设定标准采购周期。在观察 BOM 与该周期主数据、原材料库存表的同时，确定原材料的条件并制订采购计划，这是 MRP 计划的常识。

接下来，让我们看看采购周期的问题。

关于采购周期，首先要考虑把什么作为周期，比如怎样考虑检查所需时间（检查周期）和运送所需时间（运送周期）？一般人的理解是把采购周期定义为从订购到交货为止的时间，但实际管理的对象应该是该商品到能够使用为止的时间。生产现场实际上应该掌握这个时机。

从这层意义来讲检查周期也很重要。从检查周期和采购之间的关系来讲，应以各供应商或与某项目相关的交货实绩为基础来确定检查内容并进行检查。检查周期不是千篇一律，而是不断地变化。将该信息添加到采购周期中就成为实际周期。

关于运送周期，一般认为它包括在采购周期中。但在企业内搬运时，应该怎样考虑其运送时间呢？统一订购原材料，在不同地理位置的数家工厂采用的集中购买就是一个典型的例子。虽然也有的公司采取把一处地点确定为收货地后从该地运到企业或由供应商直接运送的方式，但不管什么方式都需要提前决定这种运送的所需时间。明确这些检查周期、企业内的搬运时间等与采购周期之间的关系非常重要（图 4-4）。

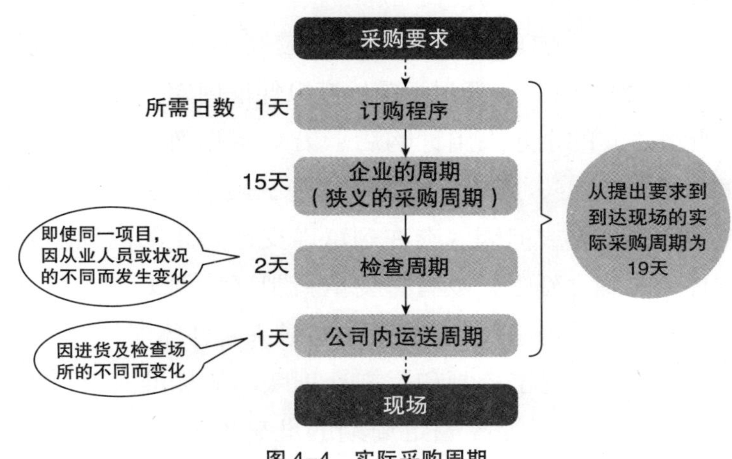

图 4-4　实际采购周期

其次是标准周期，这个“标准”一词大有文章。为确定采购周期，在确定交付品规格的同时首先必须决定最大订购量和订购批量等。只要有这些数量，就能在该交付期内按时交货。这个约定就是标准周期。

但是，实际情况并没有这么简单。例如，当参照历史订购量设定最大订购量（ERP 软件中一般这样定义）时，并在此基础上分成若干等份连续订购，即使数量超过最大订购量，也可以认为能在标准周期内交货（此时的订购量还和在什么期间订购相关）。另外，大多数情况下供应商的交易方不限于一家企业，同时接到几家企业发出的最大订购时，生产现场能否承受极限如期交货呢?

这样一来，相信大家能够理解规定称之为一定“标准”的周期必然会伴随风险。从规避这种风险的角度来讲，供应商应该设置相对安全的较长的周期。

例如，在采购现场提前告知供应商中长期采购计划或“一揽子采购合同”，通过提前协商以保证周期。

此外，有的企业采用订购后承诺交期并确定个别采购周期的方式。这时，周期反映的个别情况虽然更加具体，其可信度进一步提高，但因为存在到承诺交期为止的时间差异，生产计划的确会延迟，或有必要重新制订计划（在标准周期的基础上制订计划和以承诺交期为基础来制订计划）。

这样一来，为了控制和生产计划联动的标准周期虽然能采取各种方案，但提高固定周期的准确度却会存在一定限度。此外，如果采用可变周期，就会发生怎样填补产生的时间差或由谁维护周期等一系列难题。

在较短的交货期内根据柔性需求能灵活应对，采购周期在致力于实现此目标的制造业中成为了瓶颈，其原因就在这里。

Q　对供应商公开 BOM 信息吗

——我们部门暂不对外公开 BOM 信息，但是，有时根据采购品的种类在产品开发中以 BOM 信息为基础讨论设计或规格。因为对于特殊采购品的情况，与供货方之间的协同作业必不可少。

为了高效高质地运用供应链管理（SCM），供需双方共享信息是一个关键。了解相互之间的实际情况，提前采取措施应对非常重要（等待指示后采取行动的方法难以应对市场变化）。

虽然谈到供需双方共享信息，但信息共享的基础除了 BOM 信息之外别无其他。让我们试着探讨公开 BOM 信息具有什么意义。

与前面在采购周期中阐述的问题相关，怎样将需求方的生产计划和生产变动状况告知供应商并确保周期，对于建立供应链管理非常重要。具体内容是指供应商了解需求方的 BOM 构成、由己方提供的物料在 BOM 中所占的位置，再进一步，在该 BOM 的基础上应该制订什么生产计划……这些具有重要的意义。只要获得这些信息，供应商就能推测需求方的原材料库存推移情况，自主拟定本企业的生产计划和库存计划，而不必等待需求方的 MRP 结果，只要根据产品的需求信息就能直接推断与本企业提供的原材料对应的需求动态。供应商富有创见的空间越大，还与进一步大幅度降低成本相关（如果是交易时间长且经验丰富的供应商，往往能从投入市场的新产品信息中自主判断某种产品是否热销并提出富于独创性的生产计划。关于新产品，有时供应商的销售预测可能比厂家市场部的准确度更高）。

对于公开 BOM 信息，接下来让我们看看新产品的开发和设计阶段。和你前面的回答一样，有时在新产品设计或规格讨论阶段，需要供应商协助一同参与试制品的生产和讨论。这时，如果公开 BOM 信息并在新产品的设计或规格中采纳对方的建议，无疑会获得很大好处。与供应商之间的关系深浅决定着公开信息的多少，公开的信息越多，产生新创意的空间就越大。

例如，供应商对某种产品的构件要求用什么形式，在什么阶段交付等，这些条件还会对厂商的生产工序设计形成影响。在生产工序的哪个环节截取，怎样分担，这些问题将因供需双方的智慧凝结获得解决。

其次，让我们围绕供方的 BOM，即供应商的 BOM 信息的公开展开论述。从订购方掌握供应商 BOM 的信息的优点来讲，可以列出例如推测供应商的周期或成本构成等。

也就是说，通过掌握供应商的内部状况，订购方可以关注例如要求供应商只提供预购项目原材料或指示作业截止到一次加工阶段之前等实际的需求动态，与此同时对供应商的生产工序进行控制。

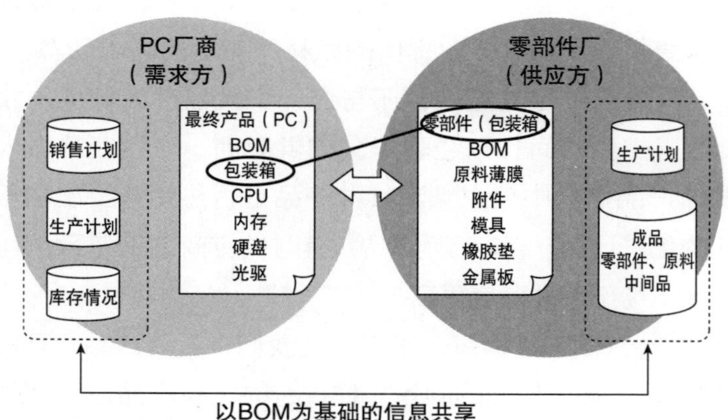

图 4-5　以 BOM 为基础的信息共享

只要订购方能如此深入细致地进行应对，就能根据需求变动降低风险，还能保证周期（对周期长的项目特别有效）。

与要求截止到什么时间交付多少产品的单一订购相比，这种方式有助于展开具体战略。

如前所述，多数情况下公开 BOM 信息具有促进传统订购方和供应商之间关系变革的巨大影响力。本节的课题将回到怎样构建和供应商之间的信赖关系，怎样能够让供应商提供正确的 BOM 信息的问题上（图 4-5）。

Q 在 BOM 中设定原材料的安全库存吗

——关于原材料的安全库存，在项目主数据中按项目分类进行了设定。将 BOM 与 MRP 的处理过程相关联，但没有用于判断什么库存水平最合理的根据。原材料库存减少时，只能由我们采购负责人根据以往经验在 MRP 通知的基础上控制订购时机和订购数量。我们不进行调控就无法减少库存量。

原材料库管每天都在同进一步减少库存和杜绝残次品两个相互矛盾的要求的夹缝中苦苦奋斗。

为了实现质优价廉的数量、多种类的物料库存以及控制订购，可以采用设置订购点和经济订单量，保证安全库存的“订货时间点方式”。

“订货时间点方式”是观察原材料的库存推移情况、在划分设定水平时，订购最经济的订购量，使库存量经常保持在最恰当范围的方法。我们把这里设定的库存水平称为“订购点”，订购量称为“经济批量订购”。经济批量订购一般运用下述公式（称为 Wilson 公式），即用数学法来计算订购费用、库存维持费用总和的最小量。计算公式如下：

$$经济批量订购=\sqrt{\frac{2\times单位期间内的推测需求量\times单次订购费}{单位期间的单件维护费（保管费）}}$$

保持该安全库存的逻辑和 MRP 处理组合（一般在 MRP 库存补充计算中纳入安全库存逻辑），就能系统地确定订购量和订购时机，但这里的课题是针对哪个项目，把什么库存水平设为安全库存，还有怎样修正该安全库存的水平，这些规定始终比较模糊。包括库存管理的责任问题在内，无论在什么企业，这些都是急需解决的问题。

安全库存水平需要考虑例如价格、采办期、保管地、需求倾向等原材料的项目特性后确定，但因库管对减少库存和残次品率二者的重视程度的不同也会受到一些影响。因生产现场噪声大设置等级较高的安全库存，可能导致库存积压、期末盘点库存金额不符、紧急调整无用库存等情况（关于寻求安全库存的方法，将放在下一章和本书结尾附录中详细阐述）。

怎样应对这种情况？关于对策，我打算围绕怎样有效利用 BOM 的可能性展开论述。在 BOM 的构件信息中补充与该项目特性相关的信息，通过 BOM 共享信息，就有可能从企业整体上确定合理的库存水平。

例如，除了制作项目构成清单、在清单中录入生产工序所需的信息外，应该准备好今后的预定数量（在生产计划的基础上运用 MRP 计算的值）、库存量、待补充的必要周期、订购形式（有无安全库存、有无一揽子采购合同等）、订购点及再订购量等预览信息。以 BOM 为基础，通过在生产计划责任人、生产现场责任人、库管责任人和采购责任人之间共享这些信息，使对主数据设定问题的多角度、全方位的验证成为可能。此外，以成品为基础通过横向检索其构件信息，既能轻松获悉关键项目是什么，还能以 BOM 的整体状况为基础进行参数调整。

这样一来，BOM 就可能在供应链管理中作为信息共享中心而得到有效应用（表 4-2）。

表 4-2 作为信息共享中心的 BOM

成品项目	BOM 主数据	
最终产品 1015	项目	件数
最小生产批量	内容物 1	10
	内容物 2	10
500pc	内容物 3	10
上月生产业绩	包装箱	1
6000pc	附件	1
当月生产预计	外包装箱	1
7500pc	包装材料 1	20
中期生产预计（3 个月）	包装材料 2	15
18000pc	封印	1

（续表）

项目主数据

生产购买划分	生产UOM	订购方式	潜在供应商数	周期（日）	购买库存UOM	订购（生产）最小批量	安全库存
生产	g		0	10	kg	10	20
生产	g		0	10	kg	10	20
生产	g		0	15	kg	10	30
购买	pc		1	40	pc	5000	10000
购买	pc		3	20	pc	1000	5500
外购	pc		1	15	pc	500	4000
购买	cm	订购点	3	10	m	10	500
购买	cm	订购点	4	10	m	20	300
购买	pc	订购点	2	20	pc	5000	4000

（UOM：Unit Of Measure）

库存信息（交易） **成本主数据**

库存量	订购余量/生产预计	预计数量	未预计总量		单价（￥）/生产UOM	物料分类生产成本
20	50	68	4		20	200
60	20	75	5		20	200
75	10	75	10		40	400
8000	5000	7500	5500		700	700
7800	0	7500	300		50	50
5000	3000	7500	500		15	15
1000	550	1500	50		2	40
800	400	1125	75		1	15
6500	5000	7500	4000		5	5

（= 件数 × 单价）

成本合计：1625 日元

专栏 2　嵌入式软件和 BOM

机械工厂的另一个项目

到此为止，我已经给大家描述了作为一种具体存在、与其他物料相区别的库存管理对象——物料。在这里，我还准备列举另一种与众不同的产品，这就是现在所有机械和机器均不可缺少的嵌入式软件。

“嵌入式软件”是指控制嵌入以机械和机器为对象物的系统。例如新近上市的汽车在驱动、行车、车体、信息及娱乐等所有功能中搭载的 20～70 个嵌入式软件。在硬件方面越来越难分高下的机械和机器世界中，对商家而言，从战略角度怎样在软件领域做出特色已经变得非常重要。关于这种现象，只要大家试着关注新近面市的电饭煲就会明白。与硬件开发的道理相同，怎样才能让蒸出的米饭更好吃？或者在此基础上怎样控制蒸饭火候的大小？商界围绕嵌入式软件的竞争正愈演愈烈。

这种嵌入式软件和硬件集成一体共同发挥功能。它是组装工序中必须列入 BOM 的一个重要项目，但嵌入式软件与通常意义上的物料不同，它具有下述特征。

第一，对于嵌入式软件是否为物料存在争议。嵌入式软件在生产工序中读入电脑（或微处理器），在该状态下嵌入产品。因此，观察电脑或微处理器时，可以说它是一种从物理角度可控的物料。但是，物料的实质——软件本身是无形的，又不能用物料定义。

此外，物料的库存概念也不适用于软件。软件产品只要开发出来，经过拷贝就能进行无数次复制。从这层意义来讲，软件不是库存品，其数量无法计算。

第二，软件版本管理的重要性。嵌入式软件与硬件集成一体发挥功能，所以，如果软件和硬件组合错误，就会带来意想不到的麻烦。当软件随硬件的规格变更进行相应变更或因发现软件本身状态不佳修复程序时，必须对嵌入式软件的版本进行正确管理；而且从生产管理的角度而言在 BOM 中反映出软件版本的变更信息非常重要。此外，基本原则是虽然软件本身不可视，但在可视阶段必须能确切地加以区分。在此基础上，管理工作应确保在对象机器上正确地安装必要的软件。

表 4–3　嵌入式软件和物料

	嵌入式软件	物料
从物理角度掌握	软件本身从物理角度不可控制 嵌入软件的电脑和微处理器是库存管理的对象	作为具体物品与其他物品区别的库存管理对象
库存量	软件本身无数量概念	能计算库存
变更管理	难以掌握软件变更（外观看不出差异） 软件的版本管理很重要	容易掌握变更情况
再生产方式	软件拷贝或开发（有必要变更时）	生产或购买
周期	无变更时，周期为零 变更时，根据开发工时确定周期	能定义为生产周期或采购周期

第三，软件开发过程是系统开发特有的世界。嵌入式软件与通常意义的零件开发和采办不同，在开发工序、交货期和成本等所有方面均具有不同特征。一旦开发，再次采办时的周期无限接近零。但伴随某种系统变更如果不预计开发工时，就无法特别规定周期。此外，嵌入式软件通常是针对机器开发的专用品，无法从其他地方调用替代品。因开发过程中工程师不足等问题多采用外购方式，需要对嵌入式软件开发本身难以管理的问题多加注意。

关于嵌入式软件，在充分理解其上述特征的基础上，把它作为项目之一在生产现场明确操作规定和应对非常重要。

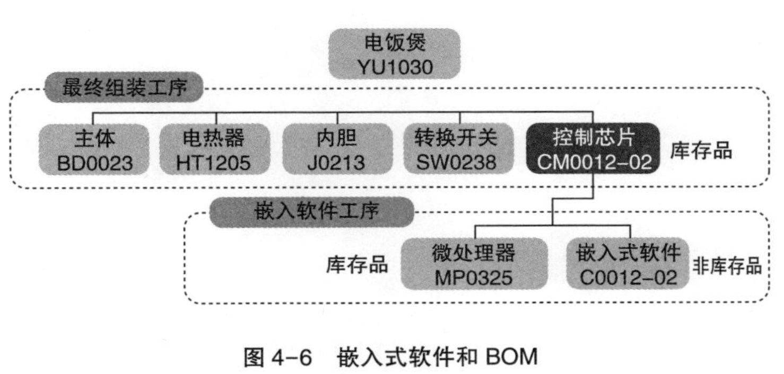

图 4-6 嵌入式软件和 BOM

第 5 章
用于库存管理的 BOM

Q　不可计数的物料录入数量单位吗

——我不太明白您的问题，有不可计数的物料吗？不管什么，应该都能用 1 件、2 件等来清点吧？“不可计数的物料的数量”单位，这个说法本身似乎就自相矛盾。

首先让我们看看可数物料和不可数物料之间的区别。这个问题似乎和英文语法参考书接近，实际上，物料一词在英语中有名词可数和不可数的区别，这与名词“有无复数形式”相关。例如 Water（水）一词没有复数形式，因为水既没有形式也没有间隔，是一种不可数物质。

不管什么物料都能用件数清点，这是机械组装加工领域的思考方式。水从用途来讲属于辅料，所以人们容易把它排除在 BOM 的对象范围外，但对以水为主原料的化学和饮料厂来说，这样思考就会出问题。

怎样在 BOM 中录入水这种流体的量呢？ 通常采用升、立方米（m^3）等容积单位或吨等重量单位来测量和计算。 这些度量单位被称为 Unit Of Measure（UOM）（图 5-1）。

组装加工业 ↕ 加工业

机械零件、电子零件数	1个（pcs）
大宗料件（螺钉、螺母、螺帽等）	1个（pcs）或1袋、1kg
织品（苫布、衣料、薄板等）	1m²或1卷（roll）
线材（线头、电线、线带等）	1m或1卷（roll）
液体	1L、1kg或1瓶（容器）
粉体	1kg或1袋、1包
气体	1Nm²或1瓶（泵）

图 5-1　计量单位（UOM = Unit Of Measure）（例）

关于 BOM 中的件数，原则上固体物采用自然数、流体物采用加小数点的尾数。

气体也是化学工厂的一类重要物料，同样采用质量和容积计量。 但气体的容积会随温度和压力条件发生变化，所以换算成在 1 气压 0℃等标准状态下的容积后，采用“Nm^3/h”等单位计算。

除了液体和气体，还有很多不可数物料如粉体，此外，布料和金属板也是。 这些物料通常卷在轧辊上并截取所需部分使用。 这些“纺织品”采用从轧辊上截取的长度（m）和面积（m^2）计量，线和电线等“卷子”类同样不可数。 因为它们采用长度单位计算，所以，敷设管线工程时使用的配管类，也按标准长度截取所需长度使用。

这些流体、纺织品和卷子等无间隔连续体的数量单位还算明确，但有时物料中还有一些更麻烦的料件。

例如，日本的食品行业中有一种被称为“不定贯”的单位。这种计量单位，例如一碗毛蟹或一块金枪鱼等，虽然可数，但物品的质量（贯目）（日本古代质量单位，一贯目等于 3.75kg）并不固定。因为生产批量不以人的意志为转移，其自由度较大。这些不定贯产品的出入库和销售虽然采用“块、条”等个数单位计算，但支出时是以质量为单位结算的。

与此相似的是医药品生产中的“效价修正”。“效价”是用含量表示药品原材料成分有效性的单位。即使同一种原材料，药效不同也存在一定偏差。虽然在出料的称量工序中对原材料的重量进行称量，但本来意义的 BOM（“处方”）是以药效为单位确定的。因此要对原料批量进行质量分析，对其药效做出修正。

此外，有时在账簿中录入“一套”或“批量（Lot）”等，例如厂家提供的一套备用品或套装工具等就是很好的例子。这些大多属于资源，但有时也归入物料。“套件”本来应该在 BOM 中进一步展开，但拆解后的零件往往因为太零碎没有实用价值。

进一步讲，还有一些既非连续体也非成套物料，难以清点件数的料件，例如小型螺钉、螺母、垫圈和螺帽等。如果问这些小型料件是否需要录入 BOM？ 回答是肯定的，因为“生产过程中所需的物料无一例外”必须录入 BOM。但是，在采购和保管过程中用件数单位统计不现实，所以采用“一打”、“一袋”单位或重量单位等进行处理。

这样一来，大家就能搞清楚“可数物料”和“不可数物料”之间的区别并不是绝对的。应该根据使用方的目的和具体情况采用重量计算或数字清点。

一般情况下，物料的采购单位（采购批量）比交付时的数量单位和生产过程中使用的数量单位大。这根据物料运输时的包装外形而定。采购时使用吨或卡车单位，库管时采用货板（集装架）单位，现场保管时采用吊斗（铲斗）单位，生产过程中采用件数单位，根据使用目的不同，计量单位随之变化。

气体、液体、粉体、卷子、纺织品等不用件数计量的物料也一样，采购时用 kg 单位，使用时改为 g 单位。

kg 和 g 的计量方式虽然简单，但其中还有如苫布、纸张等采购时使用 kg 单位，处理过程中改用㎡单位的物料。此外，采购时购入 1 卷、2 卷，使用过程中改成 m 单位截断后使用的卷子也很多。这时需要进行卷数和长度单位之间的换算。

这样一来，当库存数量单位和生产 BOM 中使用的数量单位不同时，必须在 BOM 中确定单位换算系数（图 5-2）。这类换算系数通常应该在 BOM 主数据中进行备注。

采购（订购时）	1批	
采购（分批交货时）	1台（truck）	=5台等于1批
保管	1货板（pallet）	=6货板等于1台
支出	1吊斗（bucket）	=30吊斗等于1吊斗
生产	1个	=20个等于1吊斗
包装	1打	=1打等于12个

行UOM换算相互间需要进

图 5-2　不同目的的 UOM 的例子

Q　怎样选择作为库存对象的中间品

——当然，返库的零部件和加工品都是管理对象。大多数退货都是物料经过一次加工的零部件，它们也是通用件，因为多采用大批量生产。此外还有一些经过初步组装的局部零配件。库存时主要保管处于次工序等待和等待对象组装件状态下的料件，也有一部分由现场保管或临时委托库存，但这些料件一般不必维护。虽然每隔半年对这些中间品和加工品进行一次盘点，但不标注特定的产品编码，只采用生产编号的替代编号管理。

那么，大家有没有考虑过库存究竟为什么发生？ 其中有 3 点原因。

（1）供应后发生无需求（未使用）或与实际需求（使用）相比提前供应的情况。 这个原因所占的比重最大。

（2）供应和使用的场所不同。

（3）供应单位和使用单位不同（通常较大）。

关于第 3 项大家应该没有异议，但第 2 项可能有人不理解。请注意一个问题，运输过程中的库存也是库存。

库存场所分为运输过程中的场所和保管中的场所 2 类。保管中的场所包括仓库保管和现场保管（包括单纯滞留和临时放置），还包括供给外购方的部分。也就是说，只根据仓库的出入库其实无法掌握库存的情况。

那么，“库存”是指原本在库存中原本计划放置的物料和因时机不符产生的偶发性物料的合计。我们必须严格区分这 2 类物料。可以认为在偶发性物料库存多的工厂中，偶发性残次品和前工序等待的情况也多。

偶发性库存应该作为库存对象录入财务表（视为企业财产处理），另一方面，物料残次品和工序间残次品完全无法在财务会计库存报告中找到相关记录。但是，这个问题恰恰是降低生产性能的最大原因。因为“在需要的时间找不到需要的物料”是物料管理的核心问题。

为了掌握该偶发性残次品和前工序等待，需要将残次品表转为公式化后计算发生频率。即使这样，现实情况下 1~2 小时的等待无须录入残次品表，所以需要设法从总库存量中除去原本计划放置的库存量以调查余量是多少。因此有必要明确“原本计划放置的库存”截止到什么阶段。与原本计划放置的库存相比偶发性库存越少，说明工厂的运行状况越好，其物料管理的水平越高。

此外，建议采用日单位描述库存量，这样容易进行相互比较和统计。

我们把制造产品过程中保管加工品以及中间品的场所称为“库存点”（但如前所述，保管场所不仅限于物料仓库，也可能委托现场保管或处于运输过程中），此外，在 BOM 中对各库存点标注物料编码。 从一个库存点到下一个库存点是一条工艺路线，也就是说选择的库存管理对象决定了结构 BOM 的形式；而且必须对库存点物料发布物料编码。 如果不这样，发生库存余量时就无法与需求进行调整。

库存点通常根据以上谈到的 3 种可能发生库存的情况来选择。 总结如下：

（1） 工艺路线和作业之间难以同期化时。

（2） 工艺路线和作业之间存在位置差异时。

（3） 工艺路线和作业之间的批量不相符时。

例如，假设组装工序要求按照材质顺序加工，而下一道喷涂工序要求集中同种色泽，这就与顺序计划相矛盾了。 这时，采用在组装工序和喷涂工序之间增设库存点的方式较好，或者像热处理等批量处理操作中因为希望统一批量，采取在之前设置库存点的方式。 进一步讲，就是需要在生产能力和品质特性成为一个整体的瓶颈环节——即瓶颈工序前设置库存点。 因为在该处会发生等待滞留的情况（图 5-3）。

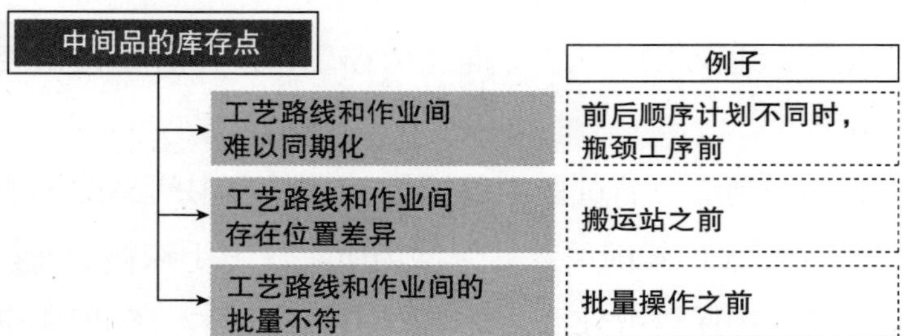

图 5-3　中间品的库存点

当然，如果通过“快速换模”或“一个流动生产方式”等尽量消除批量和加工步骤中不合理的问题，杜绝中间库存本身，无疑是最理想的。这样一来，连接库存点前后的 2 道工序将成为一条连续工艺路线。众所周知，与物料的种类和特性相比，库存点的场所主要是根据工序设计来决定的。

Q　怎样决定中间品的库存量和库存空间

——这个问题比较难。关于从供应商处购买的原材料，有时在金额的基础上进行 ABC 分析后考虑库存量，但加工品和中间品等很难运行 ABC 分析。第一，这些物料的大小及重量分散不一，无法用件数比较大小。但经过物料加工后，通用性高的一级零部件需要在零件表中标注商品编码。这些物料都有进行数据统计。

在考虑确定库存量时，首先应该了解库存分为 6 种范畴。

库存本来分为下游工序的预计使用库存和其他库存 2 种，两种库存从外观上无法区别。如果是机械零件类固体物料，还能用现货表进行单件识别；如果是归原材料事业部处理的粉体、液体和熬炼膏状物等就比较困难了。此外，如果纳入后面“销售 BOM 章节”中论述的 ATP（销售范围管理）机制，还要在生产过程中增加预计，原则上就只能借助信息系统了。

为了便于区别，本书将下游工序的预计使用库存称为“流动库存（Flow）”，其他库存称为“常备库存（Stock）”。

一般情况下，流动库存（包括工艺路线中的加工和滞留品）基本属于全品使用预计方式。因为这种库存在工艺路线中，所以不能随意调整使用。

库存品中还有一种“账龄库存”。请想象一下威士忌的生产过程，酿酒的原料麦芽能储藏数年之久，但即便如此，也不可能建议威士忌企业因其陈年库存过多，就该设法减少库存。换句话讲，这些“账龄库存”是生产工序在中间阶段的临时放置，它也属于流动库存之一。流动库存的天数不能随意减少。

为等待检验结果保管的库存与“账龄库存”具有相似的一面。在检验结果出来、确定质量之前，不允许跳过中间过程直接使用。这种库存也可以归入流动库存。

除了流动库存和常备库存的区别外，还有一种原计划库存和偶发库存的分类方式。原计划库存可以进一步分为宏观计划库存和微观调整库存。如下所示，工厂整体存在 2×3 = 6 种库存（表 5-1）。

表 5-1　6 种库存范畴

	计划库存	调整库存	偶发库存
常备库存	(1) “生产储存”、季节性库存、定期维修应对等	(3) 所有安全库存、看板方式中的加工品	(5) 已构成库存
流动库存	(2) 账龄库存等	(4) 工序间缓冲调整、运输中的库存、处理库存等	(6) 时机不符所致的滞留

（1）计划常备库存。

一种以计划“生产储存”为目的的库存量，适用于按标准量划分产品，维持其库存水平方式的情况。此外，季节性库存也属于这种类型。受较强的季节性等因素影响，年产量不平均的行业不少。这些工厂的生产设备普遍不具备与高峰季节相符的生产能力，所以在这些行业中，应主动在需求量较少的生产淡季进行生产储存，以此应对忙季的到来。该设定以年度宏观需求预测为基础进行。在单品订购生产行业中，尽管在接近最终产品的阶段开始生产储存，但在推动零部件通用化的企业中必须从零部件层面应对计划高峰期。

同样，受政策法规等其他因素影响，有些工厂不得不定期停运生产设备进行维修保养，例如 24 小时连续运转的熔炉和加热炉等行业。虽然这些工厂拟定年度定期维修计划，但需要采用与该计划一致的形式制订“生产储存”计划。

（2）计划流动库存

前面阐述的“账龄库存”等属于这一类。计划流动库存在工程设计中是必须提前准备的库存量。

（3）调整常备库存

即一般所说的安全库存或看板方式中的加工量，是一种用于应对需求方紧急变动，或为吸收生产线和因买方问题所致的供应变化主动准备的库存。原则上与特定需求无关。

（4）调整流动库存

指工程间用于缓冲调整的加工品和运输中的库存。传送带上等待的加工品也属于这一类。

此外，因供给方和使用方的批量不一致，根据物料运输情况产生的临时放置也属于该类。例如，生产时采用件数单位，但发货包装时采用货板单位等就属于这种情况。在这种情况下，产品到装满 1 货板前需临时保管；反之，购买原材料时采用货板单位，使用时采用件数单位等同样需要用到填补批量差异的调整库存。

（5）偶发库存

因疏忽导致过度生产，即“已构成库存”。还包括按计划如期生产，但因被迫放弃或销路不畅产生的不良库存。

（6）偶发流动库存

这种库存是工艺路线和工艺路线之间，或工艺路线中的作业和作业之间偶然产生的滞留，多为状态不佳的产品。 因调度不顺利、先期作业之后的接续作业无法进行等产生的滞留也属于这一类。 该类别库存量大时，反之可推断其偶发残次品也多（虽然残次品均为偶发）。

推算各库存点的前述（1）~（4）的统计结果，就能确定工厂物料（材料、中间品和产品）的库存量和库存空间。 当然，结果以（5）和（6）的偶发库存接近零为前提（即使这样，多少需要观察具体情况）。

（2）和（4）的流动库存一般通过工序设计决定，所以能根据工厂的设计图计算。 反之，如果希望减少这些库存，就要改变生产过程，即必须更换硬件。

与此相对，（1）和（3）的常备库存属于运用软件的问题。

计算“计划常备库存量”时通常根据计划，即需求预测而定。 如果没有季节性和设备定期维修计划，这 2 项可以设置为零。

但是，采用放弃需求预测，只根据库存状况应对订购和只补充发货比例的生产方式就需要确定某些数值。 这种情况与物料库存管理相同，没有库存时，只要筹备从该分配时段到供应为止的天数份额即可，即从该库存点到高于它的上游库存点为止的标准周期的天数份额。 也就是说，当工厂上游工序无库存时和采购周期一起合算。 如果分配耗时 20 天，就准备 20 天的库存量。

调整库存的库存量采用库存理论的安全库存系数计算，但中间品不能以最终需求的变动率为标准，应该使用“计划误差率”代替。“计划误差率”是取根据生产计划得出的预计用量和实际用量的差值，也是校正标准偏差的结果。 生产计划完整时该值为零。 一般情况下，当制订计划后出现突发情况或修正时，该值出现误差（严格地讲，该值用来评价从物料到生成最终产品为止的周期之前制订的生产计划）。

此外，参照图 5-4 所示，从物料到高于它的上游库存点为止的标准周期天数份额的平方根乘以其计划误差率，再乘以安全系数，根据该公式计算调整库存的库存量。

但是，如果对所有物料进行这种计算比较复杂，因此还采用一种用标准天数计算的简易方法。

中间品的原计划库存量 = 计划库存 +调整库存

计划库存量
=季节库存 + 定期修理库存(← 预测需求时)
= LT 天数份额 + 定期修理库存（← 不预测需求、补充生产时)

(※1)但是,LT = 到上游库存点为止的标准周期的天数。

调整库存量= 计划误差率 × 安全系数 × $\sqrt{LT}$

(※2)计划误差率,指根据生产计划得出的预计用量和实际用量的差值、校正标准偏差的结果。

图 5-4 中间品的原计划库存量的计算公式

保管空间，用各种物料的大小、容器的容积乘以按上述方式得出的库存量来计算。因此必须在物料管理中录入保管时的尺寸。

Q　在 BOM 上决定耦合点吗

——我没听过这个词，是您说的常备库存点吗？如果是，最近我们上级部门下达指示：严令我们削减库存，所以我们没有多余时间考虑其他问题，而且仓库空间也不足。我听说过像 JIT 方式、“只生产需要量”的订购生产方式等，对其必然性相对了解。但有自动化立体仓库这种难以辨别库存空间的情况是导致库存增加的原因，所以有观点认为应该废除自动库存，这会令工作变得更加困难。

明白了！关于这个问题，让我们一起试着思考。为此，首先让我们回到前面提到过的“本本论”方式。

为什么需要减少库存？

库存不仅意味着消耗物理保管费用，还意味着与库存金额相当的物料费、到生产该物料为止消耗的人力、设备时间、电力等服务费均以库存形式处于休眠状态。也就是说，等于把资金锁在柜子里放置不管，损失了如果委托银行保管（若正确使用时）的利息，这被称为“库存利息”。

此外，库存量多，产品销售不畅时形成不良库存堆积如山，库存意味着陈旧老化的风险。因为这些原因，企业通常致力于减少库存。那么，是不是库存为零就好呢？事实并非如此，因为库存具有下述 2 种积极功能。与此功能相对的库存利息是否成为了负担是重点。负担过高时应该减少库存量，但到失去此功能的目的为止，使库存接近于零是不合理的。

库存的积极功能如下：

（1）通过缩短从订购（分配）到交付产品的交货周期提高企业的竞争力。

（2）把握供需引发的变动，控制对生产活动整体的影响。

为了实现这些目的，我们应该关注库存，在减少偶发库存的同时，设法减少原计划库存量（通过改善生产系统等）是库存管理的目的。

如果对库存量把握不足，说明减少库存的意识不强。认为存在自动库存，所以库存量增加的观点是一种误解。可以说因为生产计划意识淡薄、听任事态自由发展的态度以及工序设计不当等才是问题的症结。

如果希望采取措施减少库存，就要积极思考在 6 种库存中，以计划常备库存和调整常备库存为目的，应该怎么做？这些都是运用软件的问题。

此外，“只生产需要量”明显属于预计生产。这是一种适用家电和汽车产品等需求稳定平衡的行业的方式，对贵公司机械事业部的重复订购生产而言，风险会比较大，更不适用机械事业部的单品订购。 这其中似乎存在一些误解。

贵公司沿用的生产编号管理，是将原材料的常备库存与订购编号或生产订购编号关联后，再开始生产的一种方式。除采购品之外，所有中间品应该都是流动库存。

但是，因特急订单、取消、变更等突发情况，工厂中逐渐出现与特定生产编号不相关的散件。 散件即使更换生产编码也很难有效利用，这些散件就构成非计划常备库存。

顺便说一句，原则上物料库存为零、完全订购生产企业的工厂中没有加工品以外的其他物料，属于一种终极状态的零库存。 这种企业是否真实存在呢？ 答案是肯定的。 这就是建筑业，特别是被称为“总承包商”的原始承建企业。 建筑业在某种意义上像一个超大型组装加工业。 总承包商是指企业本身无物料库存和劳动者，一切资源全部从外部筹办；而且生产现场存在“建筑施工中的建筑物”这种超大型加工品。

总承包商的原材料库存虽然为零，反之需要支出其他替代品。 这就是交货周期的长短。 从设计、订购阶段到交付建筑物为止需要耗时半年、一年，甚至更长时间。

大家普遍认为这种情况理所当然，特别是业主并无抱怨。 但是，当预制构件厂登场时，建筑业市场的现状就发生了一百八十度转变。 预制构件厂在工厂内提前预测和完成标准模板，持有库存物料。 因此住宅等产品的交期戏剧化地缩短了。 这就是原计划库存的效果。

采取措施减少库存或缩短周期二者在某种程度上需要保持相互平衡。 我们把平衡时的选择标准称为企业策略。 原计划库存必须根据这些销售策略、工序设计和生产计划（调度）的结果来决定，所以不能把库存量单纯地归结为一个库管部门的责任。

令人遗憾的是，在日本的企业中，企业策略不明确的情况比比皆是。 夹在中间两头受气的角色往往是生产计划负责人和库存管理负责人。 如果想逃脱受夹板气的角色，首先必须从竞争力的立场出发，与销售部协商明确各种产品能够承受的交货周期上限。 如果问题明确，应该从产品发货起追溯工艺路线，找出在哪个环节设置库存更合理。

为了计算该库存点必须设置“标准周期”。 如果许可的交货周期是 10 日，即将从发货到标准周期合计的 10 日进行倒推，就是库存点，也就是应该设置的原计划库存点。

此外，当企业中设有多个常备库存点时，我们将和客户之间距离最近的下游工序的库存点称为“耦合点（Coupling Point）”。 在什么位置设置耦合点是确定库存策略的重要决定事项。

但令人困惑的问题是，销售部一般只给出“交货期越短越好”的回复。 怎么办?

在下游工序设置的耦合点越多，虽然交货周期缩短，但库存量和库存陈旧的风险会越大。 在上游工序设置的耦合点越多，虽然库存量本身减少，但会延长周期。 此外，更麻烦的问题是计划误差不断增加，这是因为从产品开始的标准周期延长所致。与1周前的计划相比，4周前计划的精确度肯定更低（图5–5）。

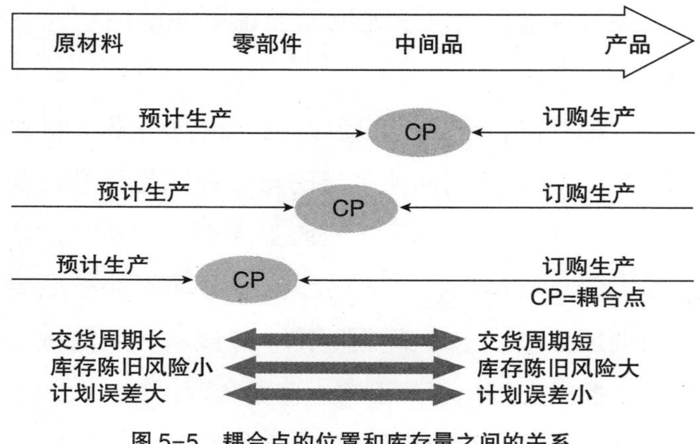

图5–5　耦合点的位置和库存量之间的关系

但是，如果零部件的通用性高，可能误差问题将在很大程度上得到解决。因为相互之间的误差消除，产量就均衡了。因此，对制造业而言最理想的状态是在接近产品完成阶段，使用通用件生产和库存，最后形成根据订购需求组装特制品的T型BOM。在关注该问题的基础上生产，就是按客户订单生产的BTO方式（Build To Order）。

另一种解决方法不是根据为订购准备的常备库存进行，而是在生产过程中动态进行，即对照原始常备库存的方式。这就是ATP分配（在日本被称为“生产座席预约”）方式。关于这些内容将放在第7章详细论述。但是，不管BTO方式还是ATP方式都有适用的各种前提和制约条件。

总之，关于均衡问题的答案是：只能根据商品的特性和工序设计来综合考虑。

Q 记录支出的 BOM 吗

——是的。物料支出由物料库向生产现场派发时记录项目、数量和日期。支出量根据生产订单和生产零件表决定。但这能回答您的问题吗？什么，您问余量是吗？物料使用后通常由生产现场保管，所以只要不因为物料不良从生产现场退货，库存管理就不会多加注意。

那么，关于 BOM 的话题讨论越来越深入了。当物料从库房配发至生产现场时，我们常说的“M-BOM”问题就显露出来了。与设计部制作的零件表相对，企业内存在着由生产部门制作的零件表，二者处于二元管理或相悖状态的现象似乎很常见。设计零件表被称为“E-BOM”。

E-BOM 和 M-BOM 二者相悖的原因很多。有因供应方的问题使生产现场无法获取设计指定的物料，不得已采用替代品，这种现象逐渐成为一种常例。有因进行设计变更，但为避免库存浪费继续使用陈旧物料的情况。反之，尽管物料的特性已经改进，但设计并未反映实际情况；或者尽管多次购买，但因采购方的问题不能提供同一种物料；还有因设计余量过大或不明确，导致应用物料存在各种可选项的情况等等。

特别在贵公司中，设计部和生产部对同一项目使用的物料编码各不相同。

当这些 E-BOM 和 M-BOM 各行其道时，就会在各个环节发生摩擦或偏差。 例如物料库存计划和实际业绩不一致，发货的产品元件和设计不一致，售后服务跟不上，设计变更不能正确传达给生产现场，生产成本计算混乱等等。

要想避免这些伴随 BOM 二重化引发的矛盾，有 2 种解决途径。 第一，利用“支出 BOM 记录”。 有时也称“所需文件”或“补充文件”；第二，利用产品订单上的 BOM 记录。关于这个问题放在下一章说明。

“支出 BOM 记录”如字面意义所示，是指向生产现场派发物料组时与生产订单（生产编号）相对的构成 BOM 的记录。这个记录是历史数据，而不是 BOM 主数据。 它是表示主数据和现实情况差异的实际数据。

BOM 表示一个产品的物料量，而生产订单通常来自多个产品指令。 所以，如果是 100 个产品，就需要录入 100 份物料支出量。

支出的物料本来等于设计 BOM 中消耗的产品数，但现实情况下因为种种前面提到的情况可能不得不变更项目和数量。 变更当然无可非议，但变更时应录入实际支出结果。

但如果是像医药（制剂）工厂等必须等原材料备齐一组后再支出的情况的话，可能会更好理解。 如果是由多道工序构成，在生产过程中不断投入原料或保管中间品的工厂又该怎么办？

这时，不必考虑最终产品的生产订单（生产编号），只要记录各工序（工艺路线）生产订单的支出量即可。为此，需要在工艺路线单位的生产订单上标记能识别的整理编号。

此外，只有库存支出记录还不够。因为这样一来，什么物料用于什么产品和中间品，用量是多少等问题都无法搞清楚。即使想对产品质量问题进行批量追踪，仅凭库存支出记录也找不到线索。即使接到售后服务部要求应对索赔的申请，对于什么产品使用什么物料，用量是多少等仍然无从得知。

但是，在机械加工组装业实现“一个流动”或接近承载限度的“小批量混流生产”时，逐个对应生产订单和支出零件，使二者之间进行关联的做法并不现实。反之，这些工厂采用在各工作中及放置的“电子看板”上添加作业指示，或采用多次批量顺序指示的方式比较多，他们通常以这些信息为标准整理后进行关联。

那么，最复杂的情况是一种在作业者身边长期放置零部件，一旦料件消耗，采用其他“轮转方式”补充消耗的工厂。使用者和补充者分工时，支出和实际使用之间必然存在差异，所以很难与支出 BOM 记录关联。

这时需要采用一种称为“倒冲法”的技巧。首先，根据补充的支出记录控制生产现场的零部件用量，可以认为该量是生产中使用的物料量。采用“倒冲法”时，首先中间品的生产业绩提高，然后根据已生产的组装件产量，通过展开物料清单，将用于该组装件或子件的零部件以及原材料数量从库存中扣除掉，因此计算的库存总量会在短期内膨胀（图5-6）。

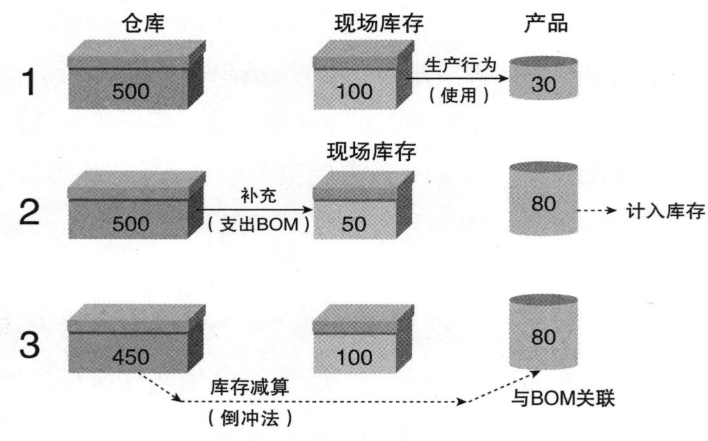

图 5-6　支出 BOM 记录和“倒冲法”

生产现场的零部件库存量一般很小，以一日或一个值班间隔为单位补充料件的情况较多，所以只能用日单位大致对应。对于严格要求对应每个产品跟踪批量的行业来说，为了完成这种现场库存、补充领取型“丰田生产模式”需要多下工夫。

此外，必须在支出 BOM 记录中确认配发至生产现场时未用的物料余量的数据后补充录入。 这与要求退货或现场保管相同，计算生产过程中的零部件的实际用量非常重要。

为了避免产生 M-BOM，支出 BOM 记录必不可少。 这个问题希望大家理解。

第 6 章
用于制造的 BOM

Q　试制品的 BOM 怎样录入

——关于试制品，我们用“9 000 番台”（番，即号）产品编码加以区别，但不录入 BOM。因为试制品的内容不固定而且变更多，很快就会被正式产品替换，所以在 BOM 中录入意义不大。

在主数据中录入试制品是一种好习惯，此外，最好能够区别是否为试制品。但根据产品编码的位数区分的方式不一定最好，因为试制品中货物样品或试供品等兄弟系列产品较多（图 6-1），标记易识别系列编码的方式也很多，或者应在主数据中另外设置区别生产目的的标志。

生产试制品的目的，首先是为了判断工序设计是否恰当

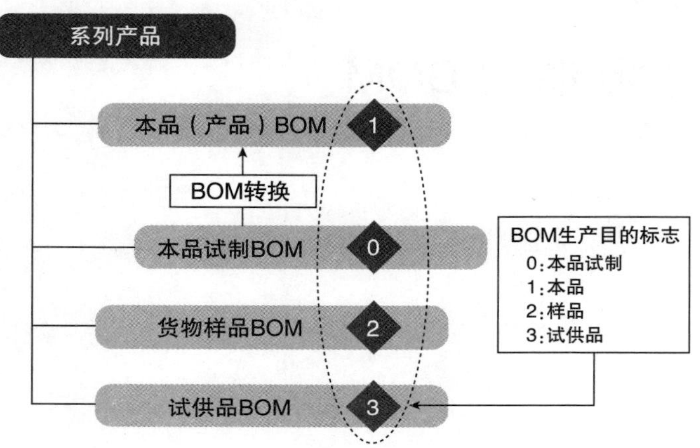

图 6-1　产品随附试供品的系列

（换句话讲是检查供需设计的设计品质）。其次，因产品本身的设计已经在“生产什么”的阶段完成，接下来需要探讨“怎样生产”。最后是在配备工厂生产线、实际设备中试生产了的基础上，对操作是否简便、品质情况等进行调查。

因此试制品的产量一般较少，同样，货物样品和试供品等本质上也是小批量生产。所以，认为在 BOM 中录入它们很麻烦的看法也合乎情理，但从排程调度方面来讲，有 BOM 还是更方便。因为即使是少量试制品，也和普通产品一样需要进行设备的转线生产（转换）。对工厂而言，试制品等小批量生产虽然不至于产生较大作业负担，但在转换设备上确实存在着负担。

因为考虑试制品的转换负担必须制订日程安排时，为了调整正确的物料分配时机，当然要用到 BOM 数据，特别是在使用大量和其他产品通用的零部件方面。如果不这样，零部件的使用量和支出量，仅在试制品的数量上就无法核对。

特别在产品生命周期短的半导体工厂等，试制品和批量品经常在工序间混合存在。如果 BOM（Recipe 配方）管理不到位，就可能产生相当数量的不良品。

还有一点是确定工艺路线（Routing）。因为进入试制品阶段后工序设计已经固定，所以，在该环节就可以开始录入工艺路线了。如前所述，BOM 的层次不能由产品设计的零部件构成一项来决定，BOM 和工艺路线之间存在表里关系，只要工艺路线确定，就能正确定义 BOM 的层次。BOM 的录入时期如果放在试制品阶段前，则其内容构成不正确，但若放在量产后又为时过晚，所以在试制品阶段进行录入最为理想。

此外，实际中存在很多试制品 BOM 的规格变更或临时替代的情况，这也是导致 BOM 录入繁琐的原因。特别是如果使用不能正确处理设计变更和替代的 BOM 管理系统（BOM 处理器）的话，情况会更糟糕。

同时，试制品 BOM 本身也存在使用期限和转换问题。当试制阶段结束，正式的产品 BOM 必须重新录入。如果这些输入操作从零开始重新全部校正，确实是一件令人不愉快的工作。能否让 BOM 的录入转换操作简便易行？这恐怕是 BOM 管理系统的用户亟待解决的课题。

Q 你知道配方是什么吗

——知道。原材料事业部和机械事业部的表面加工工序会使用“配方”。我们部门的配方表示原材料混合、调整方式和表面处理的温度条件、时间等。根据这些信息确定精加工状态。所以我的理解是配方与副原料的 BOM 比较接近。

“配方”一词在英语中的原意是烹饪方法。从这个意义引申出来，用来称呼处于流程生产中心的标准生产信息。

那么，“流程生产”到底是什么？关于这个问题应该怎样回答？与生产流程相对的是“离散生产”。离散生产是机械加工和零部件组装等大多数制造业所属的生产形态。其特征如加工对象是固体，能用 1 件、2 件和“离散”（Discrete）件数清点等。加工时主要采用切割、研磨等物理方法。

与此相对，流程生产中生产工序的原料和产品是液体、天然气等流体连续物质。其加工手段以设备内的化学反应、吸收和蒸馏等化工处理操作为中心，因此也称“装备产业”。

此外，“配方”是确定流程生产过程中具体的处理步骤。即使在化工操作中使用同一种设备，通过控制其操作条件和操作步骤就能使产品的特性发生各种改变。这与烹调过程中使用同样食材、同一口锅，但因为火候和加热时间等不同，端出的食物大相径庭的道理相同。如果使用车床或冲压机加工同一种物料，不管加工过程快慢与否，其结果都大致相同。因此，配方与时间因素相关。

与配方搭配使用的标准信息是“方程式（Fomula）”，这源于描述化学公式的词汇。方程式表示投入其流程操作工序的原材料和产品的种类和数量。例如，化学公式 $CO+H_2O\rightarrow CO_2+H_2$ 是表示将原材料 CO 和 H_2O 各 1 摩尔（Mole）投入反应装置，生成 1 摩尔 CO_2 和 1 摩尔 H_2 的一个过程的方程式，也就是说方程式在流程生产中是等同于 BOM 的一种信息。

而且，你已经谈到“配方”相当于表示了流程生产中的工艺路线。但这里必须注意一点，化学处理过程中一个机械装置采用多道处理工序的情况很多。谈到工艺路线，通常都是按顺序运行多道加工工序（即加工机械）。但以配方为例，却是在同一个反应炉中进行如投入物料、投入催化剂、升温、搅拌、冷却……等作业步骤。此种情况比较常见（图 6-2）。

化学流程工厂以流体物质为中心，通常由静止机械（金属容器）、配管和泵构成。从某机械到其他机械之间的物料转移根据配管连接的情况而决定。这在某种意义上也属于工艺路线，但机械资源之间的连接不属于配方的定义范围。

产品 No	1001
生产装置 No	A005（反应炉）
生产步骤说明书 No	1001-1051
单位产量	10kg
最大批量	50kg
减少量（固定）	0.5kg
减少量（比例）	3%

▼

操作 1：投入物料			
投入	投入物		投入量
	溶剂 A	A014	6kg
	溶剂 B	B015	2kg
	原料 X	X025	1.2kg
	原料 Y	Y035	1.8kg
	原料 Z	Z070	0.8kg
操作	投入→搅拌		
条件	温度：常温；处理时间：20 分		
装置	A005（反应炉）		

▼

操作 2：投入催化剂			
投入	投入物		投入量
	催化剂 A	CT01	2.5kg
操作	投入→搅拌		
条件	温度：常温；处理时间：10 分		
装置	A005（反应炉）		

图 6-2　批量处理工序的配方

▼

操作 3：升温	
操作	加热
条件	温度：80℃；处理时间：40 分
装置	A005（反应炉）

▼

操作 4：搅拌	
操作	搅拌
条件	温度：20 次/分；处理时间：150 分
装置	A005（反应炉）

▼

操作 5：冷却	
操作	冷却
条件	温度：10℃，处理时间：100 分
装置	A005（反应炉）

图 6-2 批量处理工序的配方(续)

流程装置内部通常不可视，所以需要安装温度计和压力传感器等来监控内部状态。把这些监控设备的结构、程式和配方信息组合起来，就能对生产工序的过程进行实时监控，这就是加工业 MES（制造实施系统）的一大特征。机械组装业中的 POP（Point Of Production 生产现场）系统与之相当，但必须按顺序经过多道不同的加工机械和手工作业，在即时性方面不占优势，所以是今后 MES 发展的课题之一。

Q 怎样在 BOM 中反映设计变更

——产品设计发生变更时，由设计零件表的责任部门，即设计部负责录入变更。但关于录入时机需要由设计部和工厂协商后决定，也就是说，当设计变更对象的零部件和物料仍有大量库存，却无法任意用于其他产品时，采用废弃处理的方式太浪费。当然，如果因质量问题或规章制度修订不得已变更时，只能当成废弃物处理……

BOM 是一种有生命的存在。从诞生之初起始终保持原有状态、持续使用和发挥有效作用的情况很少见。BOM 在产品的生命周期演化过程中会发生各种变更，伴随该过程不断增加变更是一种普遍的存在方式；就是说 BOM 的管理系统（BOM 程序）必须能承受变更，需要更新历史和对变更进行管理。

BOM 变更的类型多种多样。

第一，根据变更理由进行分类后就会发现，有因产品本身的设计自发变化导致零部件需求规格变化的情况。大多数会采取以提高性能和品质为目的的改造局部产品的模式。

第二，因采购方问题导致变更的情况。因降低成本等目的更换近似的其他零部件，或供应方因某种理由改变供应状况，因法规制度等不能取得之前采购物料等情况。

第三，因生产工序问题导致 BOM 变更的情况。为了使产品质量保持稳定需要改变物料的性质，限定用于新引进的机械设备的零部件等。“产品外观、规格在未预先告知的情况下发生变更”等在产品备忘录中注明的行为。

无论哪一种理由，都要在 BOM 主数据中明确 BOM 数据版本（世代）的管理功能。因为一旦新数据替换旧数据，就无法分析历史生产实绩或正确掌握进行中的生产指示。BOM 数据由谁在什么时间、因什么事由变更，现在的 BOM 是第几版，历史 BOM 怎么样了……构建能经常追溯历史的机制非常重要。BOM 变更时，通常工艺路线也必须随之变更，这一点不能忘记。

此外，产品本身的版本号和零部件单位的单阶 BOM 版本号不同。如前所述，因采购和生产工序状况所致的变更不会引起最终产品供应状况的任何变化，所以产品编号不需要升级，但 BOM 本身的版本需要升级。

而且在这些因生产状况导致零部件变更的例子中，产品的功能及规格本身不变。所以在稍后的章节中会阐述到的“销售 BOM”的选项构成和录入模式等也不用变更。

最后，当发现 BOM 数据本身出错时，需要修订与变更。

那么，在 BOM 变更中，选择什么时机替换新的 BOM，其依据的理由大致分为如下 3 类。

（1）即时变更。

（2）指定日期变更（如提前告知的局部变更，以某日为限更换 BOM）。

（3）库存消化变更（老旧零部件库存消耗殆尽时开始使用新件，也叫“终结库存”）。

普遍认为库存消化变更是出于“废弃陈旧库存过于浪

费”的想法。但是，从什么日期开始转换 BOM 是根据生产计划和（调度）结果决定的，而且生产计划和（调度）结果计算本身需要利用 BOM 数据，所以，要想严密地实行这种类型的转换非常麻烦。

在没有这种 BOM 变更功能的系统中，作为权宜之计，有一个把新零部件作为现有零部件的子件录入的技巧（图 6-3）。这样一来，在 MRP 计算中从耗尽现有零件库存的阶段开始用新零件补充，将新件到旧件的加工时间设置为 0。当然，这个 BOM 不能正确表示原始生产工序，所以，当生产方用新件实际替换旧件时，必须重新正确修订 BOM。

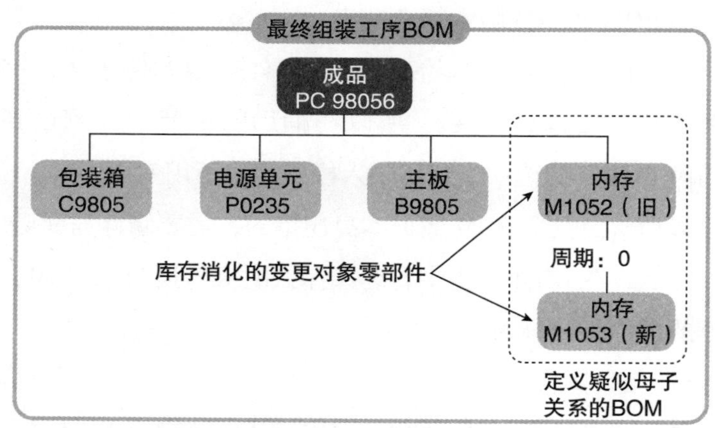

图 6-3　根据零部件疑似母子关系实现库存消化变更的技巧

这样一来问题就复杂了。在组装加工工序中变更一个零件，整个组装对象的零件必须随之变更的情况屡见不鲜，也就是一个组合发生了变更。在这种情况下，进行前面“终结”型 BOM 变更的调度系统却很少。

当系统无法应对这种变更时，有一种将新 BOM 作为旧 BOM 的“替代 BOM”录入的方法。 不允许替代 BOM 时，可以把这些零件组合作为疑似零件录入；而且如前所述，可以将新零件组合作为旧件组合的子项来录入。

这样一来就要对 BOM 的变更多加注意。 因此，为了正确实施因设计变更所致的 BOM 修正，应该制订“设计变更通知”（Notice Of Engineering Change 或 Change Notice），围绕与该信息相关的部门确定联系规程（图 6-4）。

“设计变更通知”（Change Notice）

<table>
<tr><td>变更通知 No.</td><td colspan="7">200409-12516</td></tr>
<tr><td>产品/中间品</td><td>编码</td><td colspan="2">98605</td><td colspan="2">名称</td><td colspan="2">PC 模型 605</td></tr>
<tr><td rowspan="2">变更对象件（旧）</td><td>零件编码</td><td rowspan="2">主变更</td><td>M 1052</td><td rowspan="2">附件1</td><td>CF0025</td><td rowspan="2">附件2</td><td></td></tr>
<tr><td>名称</td><td>PC 内存 52</td><td>风扇类型 25</td><td></td></tr>
<tr><td></td><td>⬇</td><td></td><td>⬇</td><td></td><td>⬇</td><td></td><td></td></tr>
<tr><td rowspan="2">变更后零件（新）</td><td>零件编码</td><td rowspan="2">主变更</td><td>M 1053</td><td rowspan="2">附件1</td><td>CF0030</td><td rowspan="2">附件2</td><td></td></tr>
<tr><td>名称</td><td>PC 内存 53</td><td>风扇类型 30</td><td></td></tr>
<tr><td>变更理由</td><td colspan="7">因 PC 内存 M1052 停产引起的零件更换</td></tr>
<tr><td rowspan="3">更换方式</td><td>1</td><td colspan="6">即时变更</td></tr>
<tr><td>2</td><td colspan="6">指定日期变更</td></tr>
<tr><td>3</td><td colspan="6">库存消化变更</td></tr>
<tr><td>变更日</td><td colspan="7">N. A.</td></tr>
<tr><td>备注</td><td colspan="7">在疑似母子关系 BOM 录入中调整</td></tr>
</table>

图 6-4 设计变更通知的例子

发布日期	2004/ 09 / 01	发布部门	设计 1 部
发布人	山下		
许可人	高桥		

派发地			
设计		生产技术	
生产		库存	
采购		销售	

采购责任登记栏	（采购方信息等）
库存责任登记栏	（旧件库存量等）

图 6-4　设计变更通知的例子（续）

Q　在制造订单（制造指示）中附带 BOM 吗

——订购生产中心的特殊机械事业部大体是这么做的。因为每次生产的产品不同，组装图本身就是各生产编号的指示图。在图纸上附带生产零件表，根据该指示图从物料库支出零件后进行加工组装。但标准品中心的机械事业部只在制造指示书上打印商品编码和规格书编号，然后发出。一部分工序通过在机器的终端画面上做标记来替代纸介指示书，不会特别附带零件表。

原材料事业部采用另一种方式。该部门会根据客户每次的具体订购需求、产品特性和品质而逐步作出变化，所以每次必须在制造指示图上手动录入原材料的配合比。下游的精加工切割工序虽然无法下达这么详细的指示，但就算是零件表也无法对切割作业进行定义。

如前所述，E-BOM 和 M-BOM 出现差异的主要原因是零部件材料生产引起的变更，特别是临时替代。替代的理由多种多样，总之，设计阶段确定的 BOM 主数据的“应该论”是无法脱离现实的 BOM 的。

作为填补该差异的方式之一，我已经在前面将被称为“支出 BOM 记录”的交易 BOM（历史数据）的利用方法进行了阐述。在这里准备介绍另一种方法，是一种被称为“制造订单上附带的 BOM”的历史数据。

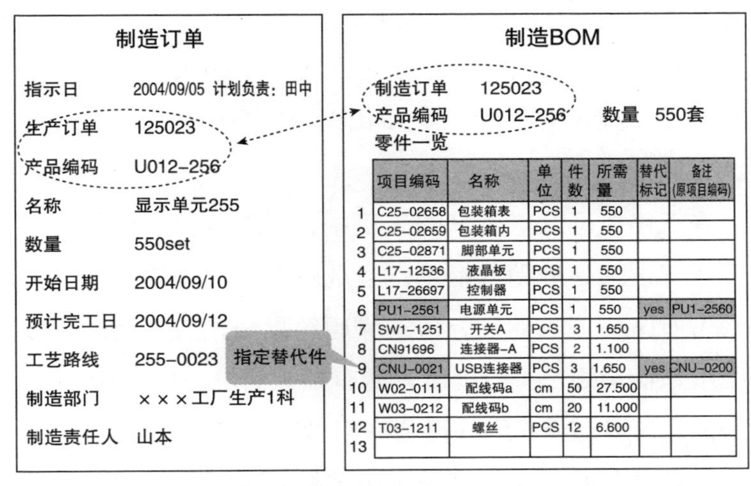

	项目编码	名称	单位	件数	所需量	替代标记	备注(原项目编码)
1	C25-02658	包装箱表	PCS	1	550		
2	C25-02659	包装箱内	PCS	1	550		
3	C25-02871	脚部单元	PCS	1	550		
4	L17-12536	液晶板	PCS	1	550		
5	L17-26697	控制器	PCS	1	550		
6	PU1-2561	电源单元	PCS	1	550	yes	PU1-2560
7	SW1-1251	开关A	PCS	3	1.650		
8	CN91696	连接器-A	PCS	2	1.100		
9	CNU-0021	USB连接器	PCS	3	1.650	yes	CNU-0200
10	W02-0111	配线码a	cm	50	27.500		
11	W03-0212	配线码b	cm	20	11.000		
12	T03-1211	螺丝	PCS	12	6.600		
13							

图 6-5 制造订单上附带的 BOM

“制造订单上附带的 BOM”如字面意义所示，是一种在单个指示书中附随各 BOM 的方法。这种 BOM 和系统默认的设计 BOM 是同一种，但指定替代零部件时，需要在变更相关内容的基础上进行发布（图 6-5）。发出电子订单时，或者在终端订单信息画面上显示 BOM，或者采用一键链接的方式保证能够即时参照。

“支出 BOM 记录”和“制造订单上附带的 BOM”二者相辅相成，但是，为了搞清区别是什么，怎样分别使用，只能请大家试着回忆前面零部件供应中的“推动式指示（Push）”和“拉动式指示（Pull）”这 2 种类型。 在推动式指示中，零部件材料的供应是从上游工序进行下达制造订单的同时完成配给的。 抽象地讲，是将针对工艺路线的物料和信息 2 种项目的输入进行同期化的一种供给方式。

这种操作方式的原则是在生产工序中必须耗尽全部供应物料。 供应物料的种类、数量和指示信息的内容必须一致。生产现场不能出现剩余物料。

在严格执行批量生产的工厂中，如医药品、化妆品、食品厂等下达的是推动式指示，这是应批量管理的要求（批量追踪 Lot Trace）。 这时，应追溯原料批量，按规定录入哪一产品批量使用哪一原料批量等所有相关信息。 因为产品发生事故时，可以追查原因并召回有问题的批量。 医药品工厂根据处方派发和准备生产订单（制造指示书）规定的原料（这时伴随“称重”行为），登记其称重记录。 因此，在这些工厂中，制造订单中附加的 BOM 必须和支出 BOM 记录严格保持一致。

MRP 关于物料供应的思考方式基本也属于推动式。 因库存量充足就大量支出物料，若剩余了就在生产现场进行库存保管，MRP 不支持这种做法。

拉动式指示是一种相反的方式。在这种方式中会有效利用现场库存，生产订单信息和物料独立配给，当现场库存耗尽时于该时点进行补充。汽车产业的看板方式等就是这一类的典型代表。制造订单是来自下游工序的加工看板方式。

在大多数工厂中上述 2 种方式可能混合存在，所以对物料供应的控制变得越发困难。

推动式指示中的支出 BOM 记录和生产订单上附带的 BOM 记录应该是同一种。

另一方面，拉动式指示中的制造订单和物料支出、时机、批量等均不一致。所以，只要在制造订单上未附带 BOM，就无法找出正确的指示历史。

因生产状况临时替代零部件材料时，应该在变更该制造订单上附带的 BOM 之后再向生产现场进行发布。与 E-BOM 之间的差异就是在这个环节改进的。

在制造订单上附带 BOM 时，原则上要在生产记录中录入实绩 BOM（实际使用的物料种类和数量）。虽然指示书和记录表兼用同一单据的情况较多，但这时应该在实绩栏中录入对应 BOM 指示栏的消耗数量。据此跟 BOM 指示和实际情况进行比较确认。

但是，像这样经常对 BOM 指示和实绩进行成组比较并记录，似乎操作起来有些困难。这时，应将推动式中生产订单上附带的 BOM 作为实绩，根据拉动式中支出 BOM 的记录将实绩倒推进行操作。

问题是在一个项目的构成件中同时存在推动式和拉动式的情况。混合使用仓库支出的零部件材料和现场常备的零部件材料的作业比较常见。这时如果主要零部件是支出供应，螺丝或螺母等小型通用件是现场库存，二者谁是主体一目了然，所以，只要以支出 BOM 记录为主体，就不会搞混了。

但是，如果零部件数量大致相当，其中一种是推动式，另一种是拉动式——在这种情况下，供应方式本来就存在某些错误。与不知道采用哪种 BOM 历史相比，首先应该改变供应方式。

在此为了便于区别，将针对成套生产设备的最终产品的单位指示称为“生产订单”，将各工序，即工艺路线的单位指示称为“制造订单”或“制造指示”。

Q 在 BOM 中录入虚拟件吗

——没听说过虚拟件，它是零部件的什么种类吗？

如开始所述，构成 BOM 的基本是彻查工厂用零部件和建立物料主数据。这时，“物料”录入的对象只能是清点保管数量后必须管理的零部件，这一点在前面已经阐述过了。工序间滞留的加工品不必作为其他项目录入，因为有时它们会在放置过程中被次工序耗尽。如果录入，反而会给管理增加负担。

但是，有时也存在在 BOM 录入生产作业过程中完成后立即投入次工序耗尽的项目，但使用起来很方便。 我们将这种项目称为“虚拟件”。

例如，还有一种虚拟件通常在次工序中很快耗尽，但偶尔会在前工序结束后暂时放在现场保管，稍后接到下一个生产指示时恰好派上用场的情况，这种项目只是其中的一个例子。 众所周知，因机械故障或组装对象质量等问题，生产现场经常发生上述状况，这些中间品应作为虚拟件录入 BOM。

在 MRP 中制订计划时，如果虚拟件的库存为零，应跳过处理立刻进入下个零件层次（并且通常虚拟件会为零）。 但有现场库存时，应对证信息后计算下个零件层的净需求，这样做就能防止浪费（图 6–6）。

成品：RA2501

	项目编码	名称	单位	件数	虚拟件
1	F1002	中间品（F1002）	PCS	1	F
2	C2560	外包装箱	PCS	1	
3	L2322	封印	PCS	1	
4	SF024	薄膜	cm	15	

中间品：F1002

	项目编码	名称	单位	件数	虚拟件
1	BLA25	内容液	mL	50	
2	B2560	容器	瓶	1	
3	P1259	盖子	PCS	1	

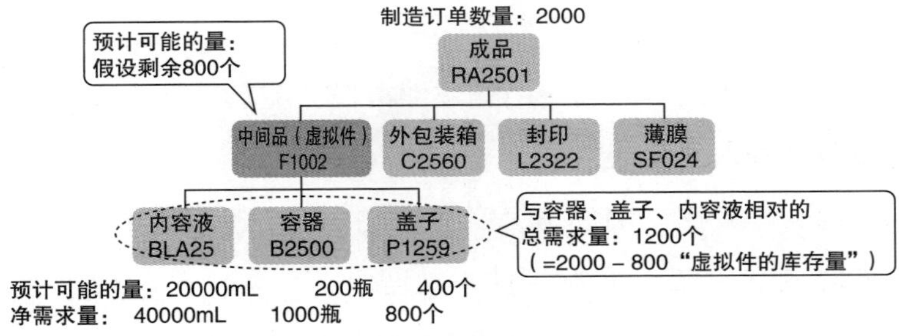

图 6–6 虚拟件和 MRP 的零部件展开

在 MRP 中将生产周期设为零，根据按需订货设定虚拟件。

此外，重复利用从顾客处退回的产品时，虚拟件也能发挥作用。一般情况下，退货品原封不动重新发货的情况很少，通常经拆解后撤除不必要的外包装，只留下完整的关键组件再利用。这时，该组件就作为虚拟件录入。这类关键组件通常不按加工品放置，而是很快以产品形式出现。但在容易发生这类退货的行业（例如，对存在重印制度的出版业来讲，这个问题相当于书本、封面和腰封的关系），录入虚拟件能发挥相应作用。

此外，例如在医药制剂厂或食品厂等严格执行原材料批量管理的工厂中，有些工厂的做法是配好对应某生产订单（生产编号）的 1 组原料套装后，移交至生产现场。在这些工厂中，当偶尔无法执行指定数量的订单时，会将剩余原料套装暂时返还仓库（为避免万一出现使用错误，生产现场不得放置）。在这些情况下，有时将原料套装作为虚拟件处理会比较方便。

而且，将经常配套使用的零件群按“配套原件”处理时，用虚拟件录入也会很方便。

我准备放在“销售 BOM”一章中说明的“模具 BOM”，也作为 MRP 中的一种虚拟件来处理。

因此，虚拟件是一个在 BOM 形式中反映了生产现场运用需求的实践技巧的例子。

Q 在 BOM 中录入外购加工吗

——关于外购处理问题，我们公司实际上并无明确规定，所以这个问题比较难办。工厂中部分工序的机械设备、主要人员都由合作公司提供和派遣。这在某种意义上和我们公司的工序运行机制基本相同，所以和社内处理没有区别，只需录入其工序的作业工时并在每月月末支付外购费就行了。但生产高峰期由我们公司支出料件委托外加工的情况较多，这样一来，因为不了解相应的材料库存，无法制订采购计划，所以会产生很多问题。尽管我们希望在公司内采用统一规划的管理机制……

企业外购的做法由来已久，因此，必须在 BOM 管理中认真处理外购问题。但是，似乎外购管理不善的情况很多。

委托外加工的首要问题是需要集中物料交接和无法了解委托外加工作业的进度状况。

外购大致分为 3 类。

第一，你刚才提到的合作公司派遣人员驻本社工厂协同作业的类型。一般来讲，因为作业指示和进度报告等是按本社执行的同一标准，所以工序也能按相同方式处理。不同的地方是借用机械设备和主要人员等资源后会进行再估算。在这种情况下，因为工序“内部可视”，所以没有必要特别视为外购，只要在资源主数据上区别即可，BOM 和工艺路线（Routing）也与自制相同。

第二，支出物料后委托外加工的类型，实际上这种类型最多。集中支出物料，最后收取加工作业的成品和中间品。

在这一类中，BOM 本身无须变更。工艺路线的处理根据外购或本社生产而改变。必须外购时工艺路线只有 1 种；外购和本社自制 2 种方式均可时，必须将外购作为替代工艺路线来定义，即因为外购品通常不伴随送货验收，与本社加工时的工艺路线相比，最低限度至少应该追加一道作业工序。有多家委托外加工方时还要对资源进行多重定义，所以要按替代资源处理。

此外，物料支出不是物料销售，只是从保管场所移至外购方，所以保有库存量不变的观点是合理的。只要明确提交给了哪一道工序，就不会出现物料库无故减少的情况。

第三，仅支出部分料件，其他由外购商自己筹办。例如在饮料等行业中，为了调整季节变动因素，经常能看到供给原液，只委托外购方进行装瓶（也称“装料”）工序的情况。这时，饮料瓶、包装材料等由装料厂直接购买。这样一来，根据是否外购，所需物料即 BOM 的构成就会发生相应的变化。

因此，在这种情况下需要定义替代 BOM 和与替代 BOM 相对的新工艺路线。企业自制和外购工艺路线已经不再存在相互替代关系（图 6-7）。

在替代资源和替代工艺路线中定义优先顺序即可。制订计划时从优先度高的开始尝试，其与某制约条件（例如能力上限）关联时采用如下的替代手段。

	外购模式	物料	BOM	工艺路线	资源	管理复杂度
1	工厂内外购	支出 (本社资产)	同自制	同自制	·按外购资源识别	小
2	外购 (支出物料)	支出 (本社资产)	同自制	·自制、外购均有时，定义替代工艺路线	·按外购资源识别 ·外购方多时，定义替代资源	↓
3	外购 (支出部分物料)	支出 (本社资产) +外购方购买 (外购方资产)	·自制、外购均有时，替代BOM定义为外购用	·自制、外购均有时，定义替代工艺路线	·按外购资源识别 ·外购方多时，定义替代资源	大

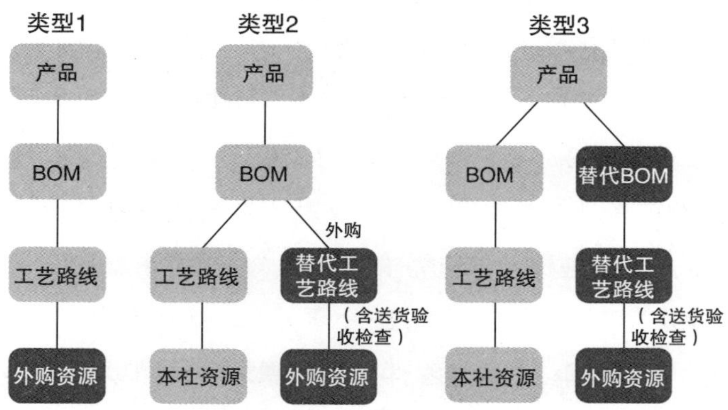

图 6-7　外购的 3 种模式和 BOM、工艺路线、资源的设置

但是，建议不要只对加工单价进行比较后确定优先顺序。因为企业自制的单价受产量和运转率影响，实际上生产越多单价越低。此外，即使外购件单价低，调度自由受限的情况也在增多。因此，制订替代设置和优先顺序时应慎重考虑。

Q 利用零部件的反向展开吗

——“反向展开”是指根据零部件找到“母件”吗？如果是，我认为这个问题应该问讨论零部件通用问题的设计部，和我们生产部没有关系。虽然我们对现在投产的这种零部件属于什么订购品进行过调查。

让我们一起温习一下前面的内容，MRP 的中心是在零部件展开的基础上计算物料的需求量。得到产品的需求量后，第一步是扣除该产品的现有库存后计算净需求量。净需求量部分必须在工厂生产，因此应参照构成该产品的 BOM，计算直接生产所需的中间件和物料量。

假设在组装产品 A 的最终工序中，1 件产品 A 所需的零件 x、y、z 分别为 2 个、5 根和 1m。如果产品 A 的净需求量是 20 个，最终装配工序中零件 x、y、z 就需要分别准备 40 个、100 根和 20m。这被称为“总需求量”或“从属需求量”。

如果工厂的物料库现有 25 个零件 x，就必须生产 40 个总需求量中的 15 个。这是零件 x 的净需求量，即零件 x 的生产订单。此外，如果生产 1 个零件 x，进一步需要附属零件 m 和 n 各为 2 张、3 个（这应该录入零件 x 的 BOM），m 和 n 就必须分别准备 30 张和 45 个。

接下来，从外部购入原料开始到成为终端物料为止重复该计算，就能算出生产产品 A（为了和中间品区别，有时将最终产品称为 End Product）所需的物料购买量。这就是 MRP

的零件展开计算。

反向展开就是进行反向计算（零件展开在英语中是 Explosion，反向展开是 Implosion）。从 BOM 的底层向上，从子件追溯母件。如果零件 m 是 10 张，能生产多少个母件 x 和产品 A？如果零件 n 是 30 个，能生产多少母件 x 和产品 A？（图 6-8）

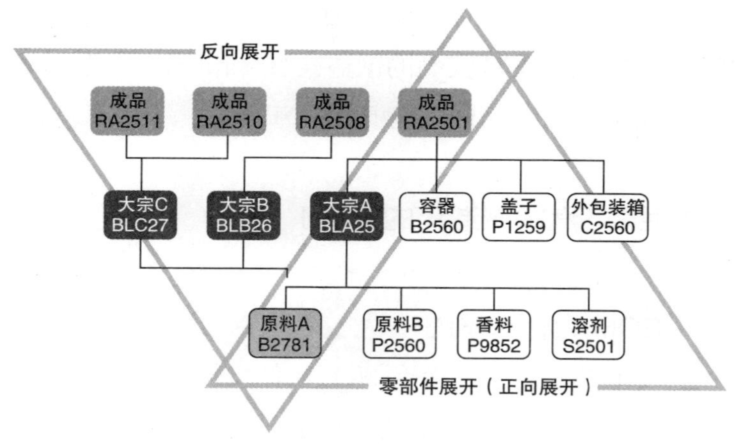

图 6-8 零件的反向展开

对生产部而言这种反向展开计算适用于 2 种情况。

其一是承诺交货期时。根据现有物料考虑能立即产出的数量是多少？因为 BOM 上随附的工艺路线能同时对周期做出定义，所以应该能算出交货期。

其二是生产设备发生故障，某零部件的生产工序被迫中止时。反向展开有助于调查该故障的影响范围。

反向展开计算看似简单，其实随着工厂零部件共通化的发展，采用零件 m 的最终产品可能不仅是产品 A，还有产品

B、产品 C 等多款产品。 此外，即使零件 m 有库存，如果没有其他零件也无法生产产品。 因此，当产品涉及售价或优先顺序等问题时应该生产哪种产品呢？ 这个问题应该包括在反向展开计算之内。

举个例子，如果零部件展开计算是“多项式展开”，反向展开就是“因数分解”。 前者从某种意义上讲可以进行机械计算，而因数分解需要人类的创造性智慧和固定公式。 承诺准确交货期必须使用 APS 的原因就在于此。

专栏 3　汽车制造厂的 BOM

BOM 为什么不统一

汽车产业是一种由厂商主导供应链的典型行业。数家最终产品车辆组装厂与销售渠道（销售网）、零部件供应商构成一个系统，形成纵向统一结构。这一点即使和同类组装加工业——电脑（PC）产业也不同。PC 行业的量贩式经营店中摆放着不同厂家的产品，他们或者从同一家芯片厂进货，或者双方联合创建液晶铸造厂。单一企业无法操控整个供应链，反之，随着零部件的界面标准化和模式化的不断发展，产品组合存在很大的自由度。

一辆汽车包括数十万个零部件，几乎所有零件都是由汽车制造厂决定规格或设计的专用件。卡罗拉花冠选用的汽车座椅是卡罗拉花冠的专用品，当然无法用在本田和日产系列车型中；即使同厂丰田的 Wits 车型也不能换用，这就是称为“搭接型”的原因。具有互换可能的零部件只有汽车轮胎和车内立体声装置等行业标准规定的少数产品。

从上述特性来看，在汽车行业中确定采购项目和构建 BOM 时，需要在追溯供应链的上游工序的基础上思考和指导。此外，在实际物料供应过程中，供应商只能等汽车制造厂确定需求计划后才能按指示进行（换言之，为了避免独立计划、考虑和执行过多，各方处于紧密联系之中）。

典型汽车制造厂的工序状况如图 6-9 所示。

构成汽车的零部件可分为汽车引擎、座椅、车顶等大型零配件和车窗等小型零配件。大型零配件已经模式化，称为“局部组装”（Sub Assy，sub-assembly 的省略）。各组件由各专用旗舰店（Work Center）构成，或者在同系统的其他工厂生产后进入组装厂。

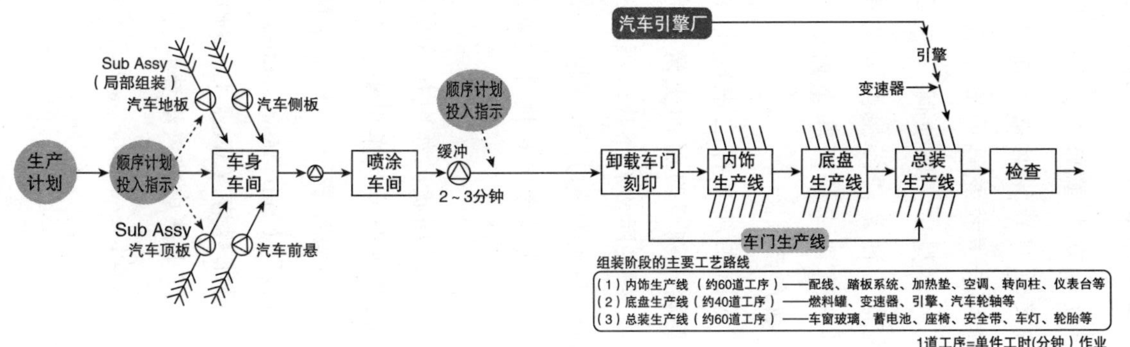

图6-9　汽车生产工序示意图

在汽车组装厂的主生产线中，第一步是组装焊接汽车地板、车顶、前悬、侧板等车身边板结构，构成车身外形，这被称为“车身车间”。“边板”是组装经过冲压成型的大型板的局部组装。单体构造汽车仅由车身边板构成，但生产大型车辆时还要加装能够承重的承重架。汽车外形是将车身送到喷涂车间，经过冲压工序清洗油脂后对车身内外进行喷涂。

喷涂车间之后是最终组装工序，在该环节中，车身被暂时放置在等待缓冲区，缓冲时间约为 2~3 分钟。听起来似乎有点短，但汽车制造厂的批量生产线大约每台车的循环周期为 1 分钟，仅此一项就有 100 到 200 台车，所以占据的空间相当大。设置缓冲区的主要理由是缩小车身、喷涂工序和最终组装工序的批量和顺序计划之间的差异。

最终组装工序由“内饰生产线”、“底盘生产线”、“总装生产线”和“检查生产线”4 道（工艺路线）生产线构成。各工艺路线分别由大约 40~60 道单位工序（作业）构成。每个作业大约安排单件工时 1 分钟的工序设计。此外，大宗零部件由 1 个项目，小宗零部件由数个项目组成。

从缓冲区到投入车身时，原则上需要确定这款车用于哪个订单，采用什么规格。其流动移转方式从平均化的一个流动（一台车流动）到完全批量生产，根据公司不同而不同。

大宗零部件由空中传送带等运送系统供应给生产线。这种零部件必须和车身投入最终组装生产线的顺序保持同期和正确供给。供应商从接到最终组装生产线的顺序计划到提取该车型送往生产线的指定供应位置为止，必须在很短时间内完成将该物料送到工厂现场的工作。特别是丰田系列车型，因为这一时间段压缩得很短，所以，供应商或者在工厂附近设置零部件供应厂，或者在零部件中心放置少量缓冲区，根据顺序指示支出。

小型零部件置于存储区（Bucket），在生产线的零部件棚中放置备用。存储区空时，由专门负责补充零部件的人员按一种称为“轮转方式”的方法回收并补充。使用者和补充者完全分工和零部件采用推动式供应等是其特征。

从 BOM 的观点来看最终组装工序略有不同的地方是：在该阶段卸载经车身车间组装、喷涂的车门。因为操作性等其他原因，卸载车门有助于组装工作顺利进行。车门在专用生产线经过平行加工，最后进入最终生产线并重新组装。如果用结构 BOM 表示，说白了就是同一个车门的组装工序的重复。

汽车 BOM 的特征是变化和选项众多。即使同型车身，因色泽、变速器方式，有无可开闭车顶、是否安装安全气囊及车胎型号等条件存在各种不同选项。

因此，从设计角度看 BOM 的整体，理论上讲是在 A 型通用部分的基础上接合 V 型选项部分的一种拓扑结构。但考虑实际组装工序的操作步骤时，必然存在通用件和变化件组装混合的情况。用于规定工厂各项操作、被称为《组装手册》的制造规格书，规定了制造方的 BOM 结构。最好同时能准备 E-BOM 和 M-BOM2 种。

因为汽车的零部件件数很多，所以即使汇总 BOM 清单，印刷后的页数也很可观。怎样更好地设计 BOM 结构，怎样使检索更简便易行，需要 BOM 制作人发挥聪明才智。

根据生产厂家按功能对 BOM 进行分类，有时还要设法和生产工序结合。例如，空调零配件系统的“冷却”功能。我们把这种功能单位的零部件群和最终组装工序的系列工序组合的方式称为“完成工序”，这就是努力完善工序内检查的结果。

使汽车 BOM 变得愈发复杂的原因是受发货地、各国法规和气候条件的影响，会存在消费者意识不到的变化。关于汽车保险杠、制动系统、排气系统的相关法规制度和寒冷地区的规格等问题，即使同一款车型，也必须考虑更多的替代 BOM。

而且在国外汽车制造厂中，因设立地国家不同，汽车零配件的模式化具体到什么程度，截至什么阶段可以考虑自制零配件等均不相同。即使是主数据中商品编码相同的物料，因其产地不同，有时对组装对象也会限制。

由于面临如此众多的课题，BOM 的维护管理需要大量劳动力。近年来，在汽车行业中，各企业投入巨资重建 BOM 系统的原因就在这里。

中间总结——与信息技术者的对话

那么，我的授课已经进行了一半。 到这里，我作为工作组的事务局成员之一对各种问题进行了总结，大家感觉怎么样？

“谢谢！通过您的授课，此前一直在工作组中并行存在的设计零件表和生产零件表二元化格局迎来了统一的时机，我们自己也感到十分欣慰。”

是吗？ 我想这是一个非常明智和需要勇气的判断。

“但是，在听您授课的过程中，我们认识到实际情况下对 BOM 的需求从利用它的各个部门到其他，远比预想更广泛。对此，我们在感到惊讶的同时，也深刻地感到通过信息系统实现所有这些并不是一件简单的事。”

是的。 这个课题不仅困难，也是一种挑战。 与 IT 技术相比，不如说其重点在于确立数据的运用维护机制，从组织层面设法解决。 虽然不是指责“有表无里”，但是，即使建好 BOM 管理系统，如果无法维护作为内容的 BOM 数据也一无所得。 BOM 是一种有生命的存在，所以，怎样有效发挥 BOM 数据的作用才是关键。

“话虽这么说，现在，工作组内部也有很多不同意见。由哪个部门负责这项统一 BOM 录入管理的任务？大家就这个问题争执不下。现在，多数意见认为这项工作应该交给质量保证部下属的标准科负责，但位置非常重要的质量保证部却没

有参加这个工作组，所以，情况就成了想得好做不到，强加于人……"

是吗？当然，因为这是贵公司的企业体制，由哪个部门负责关系不大。不过，我能问一个保密问题吗？

"……这得看您的问题是什么。"

没错！我的问题是这个标准科是配属部门吗？如果你被调往该处，你愿意吗？

"教授，您想问什么？如果我被调往该部……嗯，我是公司员工，所以，不管在什么岗位都会努力工作。"

如果我的问题让你感到不快，那么很抱歉！但在我的印象中，和工厂的生产部门相比，配属部门的重要性略逊一筹的情况似乎比较多。我觉得这种看法本身就有问题，我们暂且把它搁置一边。但是，广义 BOM 的运用和维护是同时伴随重大责任和权限的生产线业务。换句话说，这是一种到处遭人讨厌和冷遇的工作。所以，如果想对这种功能进行定位，还是应该尽量放在位置显著的生产线部门中。

"是吗？我的工作是 BOM 数据维护，我也觉得这是一项在幕后默默奉献的工作。"

一般人都会这么想，BOM 数据的运用维护不过是整理和输入上游部门决策后发出的信息。但是，请大家仔细想一想，仅仅整理和输入能够保证工作质量吗？

"不能保证吗？"

有句话常说，"产品的品质凝聚在生产过程中。"如果希望切实提高统一 BOM 数据的质量，就要力求确保生产线。这就包括：督促设计部尽早向工厂发布信息；对采购部直言不讳地提出不能购买某种质量的物料；要求生产技术部选用同一种物料生产一种零部件和另一种零部件；质疑生产部为什么成品率低下；参与设计评审、生产计划会议和购买商讨。 BOM 的运用和管理实质上是这些工作，相当于生产管理的管理者。 如果不这样做，就不是真正意义上的物料管理改革。

“但是，如果要求具备这些才干，恐怕现在我们标准科的人达不到。”

不，我们现在探讨的问题不是人的技能，而是工作的定位问题。 工作难道不是由组织负责实施吗?

举个相似的例子。 以前 CAD 系统正式普及时，怎样在业务中对该系统定位曾经是一个令人头疼的问题。 不少企业曾把 CAD 当成一种“抄写工具”处理。 设计技术员先在制图仪中收集绘制好的图纸和手工制图等设计；然后把集中起来的图纸交给制图工作室委托他们统一输入 CAD。 这种做法那时很普遍。

结果，这样使用 CAD 虽然出图的图纸看上去美观，但并没有发挥零部件的重复利用、3 次元特性的讨论检查、制作零件表及估算等功能。 即使数据转入下游部门，还是比完成设计慢一拍。

当然，会存在给每个设计技术员配置一个 CAD 终端价格高昂等不能有效发挥 CAD 功能的多种多样的理由。但从本质上讲，还是从设计到生产，在整个业务流程中怎样对设计的“电子数据”进行定位，怎样有效应用等构思有所欠缺。结果，虽然 CAD 系统对设计部起到部分改善的效果，但从产品开发到发货为止并没有成为改革整个生产过程的工具。这种情况不胜枚举。

“您的批评虽然听起来有些刺耳，但是，如果这样，我觉得似乎有必要重新审视构建统一零件表系统的方针。”

构建统一零件表的目的究竟是什么？这一点需要明确。其目的仅仅是提高主数据录入和检索操作的效率，还是构建统一物料处理的机制呢？既然是统一零件表，那么，是否也需要统一材料的商品编码体系呢？

“不！关于统一物料的商品编码体系，用户希望继续使用传统设计零件编号和生产零件编号的呼声较高。所以，我们考虑在 BOM 数据上下工夫，以便能够同时参照 2 种零件主数据……”

如果统一，首先应该统一物料主数据，因为 BOM 主数据即使分别用于设计和生产也没关系。但是，设计部和生产部只共享狭义 BOM，仍按传统方式分别设置商品编码运用等不彻底的操作模式，我并不推荐此模式。如果商品编码不统一，怎样在整个企业保持物料管理的一贯性呢？

解决“物料很多，但是找不到需要的物料”这样的关键问题决不能忘记，这是最初的目的。

“的确这样，我们可能在不知不觉中把统一 BOM 系统当成了自己的目的。但是，改变商品编码体系，重建项目主数据和 BOM 数据是一项规模庞大的工作。能不能获得相应效果呢，我的意思是效果与费用对比……”

当然会获得相应效果，“BOM 直接影响成本”我先这么回答吧！ 只要能够正确构建，对制造业来讲最重要的结果是“附加值”，附加值也就是“加工价值”。

附加值=销售额-物料采购费

扩大这个公式，就是增加销量，减少物料费；而直接决定采购费用的不正是 BOM 的采购项目吗?

我们知道，横跨多家企业的供应链管理，可以通过巧妙调节供需联动达到减少残次品和剩余库存的目的。 其反映在资金方面的效果表现在戏剧化地减少物流费和缩短货品周期上。 企业中的物流供应链也与之相似。 广义 BOM 是企业物流供应链管理的表现，重建它，就是构建企业供应链管理的基础。 而且，如果将生产上的使用和支出进行同期化，必然能获得削减成本的效果。

“这样我就放心多了，但是，在生产部以外重建 BOM 数据还有什么作用呢?”

这个问题是我们后半部分的主题。 广义 BOM 绝不仅仅为设计部和生产部存在。 关于 BOM 是制造业 DNA 的理由，我准备接下来说明。

第 7 章
用于物流的 BOM

Q BOM 关注 SKU（库存量单位）吗

——不。物流部处理原材料事业部的产品时虽然注意库存量单位问题，但是，因为 SKU 和生产零件表没有任何关系，何况机械产品……

SKU 是英文 Stock Keeping Unit 的简称，主要用于物流管理领域。这个词如字面意义所示是指个别保管的项目。

例如在服装业领域中，即使同一种款式（设计）的服装也存在色泽和尺码差异等很多变化。尤其是尺码大小，衬衫的衣领和袖长的搭配甚至有数十种之多。这些项目只要款式相同，价格也一样，通常分配同一种商品编码（JAN 编码），但在流通过程中必须按不同商品区别。因此一个项目按多个

SKU 处理。

再举一个例子，特别是在日用消费品的杂货业中，同一款产品只要改变装箱量就会出现多种规格的包装箱。比如音乐 MD 播放机的最终产品包装箱，同款 80 分钟 MD 碟也分为单件装、3 件装和 10 件装三种。在生产物料主数据中通常将录音时间等长的 MD 播放机作为同一项目处理，但在销售物流领域需要对 3 件装和 10 件装区别处理。对订购 10 个单件装 MD 播放器的商店，即使商品的数量和内容相同，发货时也不能发出 1 个 10 件装 MD。

那么，如果将 3 件装 MD 和 10 件装 MD 作为不同产品录入物流主数据好吗？不，这样处理可能还不够。例如，通常 3 件装 MD 的单位较小且不便处理，所以，可能集中 20 套后装在运输箱中统一保管。这时，根据订购量或者用运输箱单位发货，或者用小箱单位发货。物流管理时需要将二者区别对待。

苫布、轻质板材等卷子类在流通过程中也应对卷单位和截成 2m 等定尺的产品进行区别对待。贵公司的原材料事业部等可能属于这一类。

因此，在与保管、运输等物流相关的作业（这被称为“物料控制”）中，需要认识到即使同一项目，也应根据数量和包装形式按不同物品区别对待，所以，将其称为库存量单位（Stock Keeping Unit）（图 7-1）。

因此，在分设生产部、包装部和物流部的企业中“同一

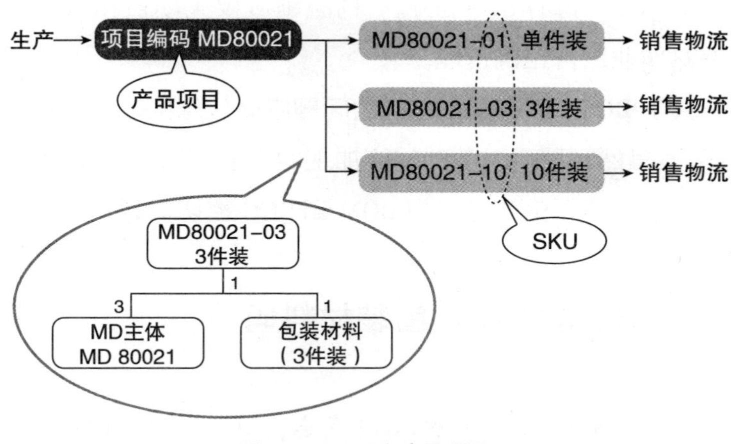

图 7-1　SKU 和产品项目

项目”的含义不同。 但是，如果从更广的供应活动（供应链）的角度审视生产、包装、保管和运输的话，它们只是工序的一部分，并无本质上的区别。 有观点认为“物流和生产不同，物流不能产生附加值”，其实这只是一种眼光短浅的表现。 不包装就不能运输，不运输就无法满足客户需求。 物流其实承担着产生价值的一部分功能。

在前面所述的服装行业中，产品生命周期因为受到流行和季节等因素的影响而较短。 有时服装业以打折促销为目的对产品进行“降价”处理，在物料主数据中转为其他商品编码。 此外，这时甚至会出现在一个 SKU 中，同款设计，但色泽和尺码不同的多件产品混合存在的情况。 因而 SKU 和生产项目并不限于一对一的关系。

有时同一项目的发货量单位（＝包装形式+运输方式）需

要多个 SKU（库存量单位）。 物流领域仅凭项目和数量未必能够对作业进行正确管理。

关于 BOM 是否关注 SKU 的问题应该从怎样定位这种应对入手。 虽然在稍后说明的物流加工中需要定义物流 BOM，但在此之前必须令生产过程中 BOM 和 SKU 密切关联。

Q 在 BOM 中录入包装材料吗

——包装材料经常被人们遗忘，这个项目当然应该列入生产零件表。物流部虽然备有应对缺货的库存，但有时还是不免因出现缺货导致产品无法发货，从而受到其他部门的苛责……

包装材料是 BOM 中一类经常被遗忘的项目。 这种情况主要发生在由设计部负责制作和录入 BOM 的企业中。

当工厂准备发出辛辛苦苦生产出来的产品时，却因为没有外包装而滞后一天。 这种情况你听说过吗？ 实际上，连大名鼎鼎的美国 IBM 公司准备发出某款热销电脑软件产品时，也曾因没有外包装（正确地讲是外包装箱尺寸不符）未能按预定出厂日期发单。 认为包装材料“不重要”的人似乎很多，然而在 BOM 项目中并无重要物料和不重要物料的区别。从因外包装箱不够导致不能发货这一点来看，不管什么物料都很重要。

包装材料可分为单件包装材料和通用性高的包装材料，

此外，还可分为直接包装产品的一道包装材料和运输用二道包装材料（图 7–2）。

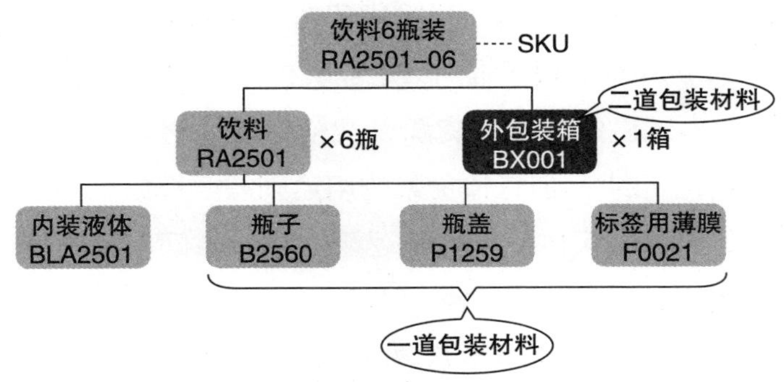

图 7–2　以产品、一道包装材料、二道包装材料构成的 BOM 层次

直接进到消费者手中的一般消费品用一道包装材料，单件名称会被明确记录，设计性高的容器等一般也会准确被录入 BOM，因为通常包装工序或填充工序处于生产的最终工序中。特别是液态产品（如饮料、化妆品、洗涤用品、乳霜等），如果其最终产品不经过填充包装就无法保管，则必须在 BOM 中定义。这种情况在医药行业中更加严格，医药品的包装容器、标签外观以及附带的说明书等全部属于发货前检查的对象，连是否正确印刷生产编号（批量编号）也一并包括在内，所以不会发生 BOM 中无记录的情况。

但是，当涉及产品间通用性高的运输用纸箱和填充材料时问题就比较模糊了。这些包装材料在 BOM 中并不与某些特定项目关联，被当成工厂辅料或耗材处理的可能性较高。无论耗材还是生产物资，送到消费者手中都会立即损坏或丢弃，所以很难在 BOM 中为它们指定恰当的位置。

如果是折叠式集装箱或运输货架等仅用于保管和运输的二道包装材料就不行了。 运输货架在某种意义上本来是一种连对应单个 SKU 都很困难的二道包装材料。 若将运输货架作为包装材料、设备工具即资源以及辅料或耗材来看待，还是可以作出判断的。 但运输货架的用途则需要根据不同情况具体分析，是限于厂内使用、往返于交货方之间，还是限于某种单一用途。 在单一用途中耗尽时，为制订运输货架周转的计划方案运用 BOM 思考是有效的，但仅限于厂内使用时还能作为设备工具或资源处理。 从这层意义而言虽然没有统一的正确答案，但应遵循所处行业和商业惯例，根据实际情况恰当地区别使用。

Q　在 BOM 中录入物流加工吗

——不，如前所述，因为生产零件表中不包括物流部的相关内容。最近物流中心承担的加工作业不断增加，这种情况使我们非常为难。真希望工厂在加工过程中多考虑怎样方便发货……

认为物流中心的工作仅仅是保管商品、根据指示进货和发货的人似乎为数不少，但这种观点实际上是一种误解。 物流中心的工作其实涉及多个领域，大规模物流中心的业务和工厂的业务并无实质区别。

物流中心的营业情况大致分为由厂家和流通商自行保管商品的类型和被称为 3PL（Third Party Logistics）的委托第三方物流服务公司承包商品保管和流通的类型。 后者通常负责保管多家发货方的商品，但所有权一般在发货方手中。

此外，还可以分为以商品保管功能为中心的库存型物流中心和反之物流中心不负责保管，进货商品经过分拣后立即发货的“封闭库存型”物流中心。

无论哪一类都伴随下述的（1）收货作业和（2）发货作业的情况。

(1) 进货→卸货→临时放置→检查货物→分拣→入库→保管（收货作业）。

(2) 保管→出库→补充→提货→物流加工→集中货物→检查货物→临时放置→装载→发货（发货作业）。

除此之外，也有很多还开展卸货业务、退货业务、订购业务、车辆调度业务等。

其中，最近“物流加工”作业的比重尤其呈持续增长态势。 如字面意思所示，物流加工是指离厂后进行的加工。 那么，为什么物流加工作业持续增加呢？ 因为送到消费者手中的产品形式多样化，而确定该形式的时机又不断滞后。 因此，产品在未经充分加工的状态下从工厂发往各地的物流中心代为保管，接到订单时委托物流中心加工后再交付顾客的方式会更合理。

而且，为了正确控制这一物流加工过程需要利用 BOM。

物流加工大致分为 3 种。

（1）把大型商品拆分成小部分加工。

（2）搭配多种商品加工。

（3）贴标签、标价、清洁、表面加工等广义定位为包装工作外延范围的加工（即改变保管形式以符合发货形式的作业）。

物流中心的 BOM 除了这些以物流加工为目的的 BOM 之外别无其他。物流加工 BOM 不是项目单位，而是用 SKU 单位的关系表示，此外其特征是通常在一层 BOM 中完成。但物流中心作为 BOM 本质上与生产工序 BOM 没有任何区别，同样需要“母子关系”、件数、工艺路线、资源等结构，此外还要进行 UOM 单位转换（特别是细分加工时）。

管理物流中心业务的 IT 工具被称为仓库管理系统（WMS）。WMS 说起来和工厂制造执行系统（MES）同等重要。与 MES 持有广义 BOM 一样，WMS 也需要 BOM 结构（图 7-3）。

在采用预计生产方式频繁投入应季品和新品、举办各种宣传活动的行业中经常需要组装作业。这虽然是前面物流加工分类（2）的变形，但不是搭配多项目生成新的 SKU，而是一种为了方便搭售针对卖场发货的方式。但是，这种情况下，如果将搭售组合定义为假想的 SKU，并录入 BOM 的话，

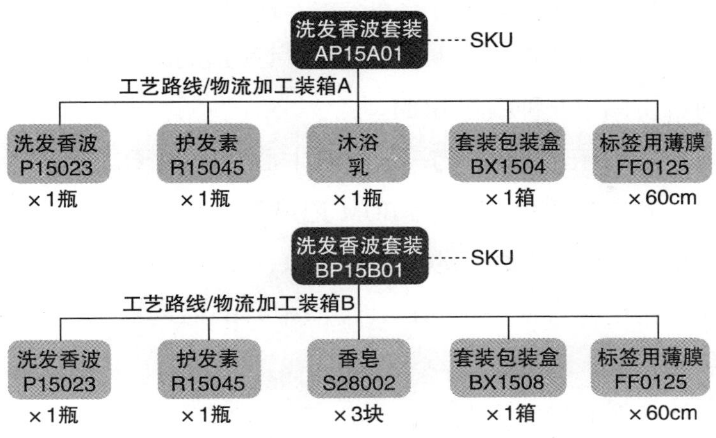

图 7-3 仓库管理系统 WMS 中的物流加工 BOM

仍然可进行相同的管理。 这属于一种虚拟件。

因此，在物流中心进行的物流加工中认识和有效利用 BOM 对于掌握物流中心的业务计划和进度是必需的。

Q 拣选指示、寄送的通知单和 BOM 是否存在联动关系

——教授您从一开始说过“拣选领料单和 BOM 清单是同一种”。我认为这个 BOM 观点有助于我们物流部的工作，所以一直感到很高兴。抱歉，虽然我没回答您的问题……

物流中心的核心业务是“拣选作业”。 拣选是按照发货指示上的项目和数量从各项目的保管场所领取所需量后备齐

货物的作业，将以此为目的的指示书称为“拣选指示”或“领料清单”。因为这是一种数量和项目完整的临时清单，所以也可以说属于一种跟踪 BOM。

拣选指示不仅用于产品物流中心，还用于工厂的物料库。因为前面提到的支出 BOM 记录是一种与物料库的拣选指示联动（应该关联）的清单，所以，支出 BOM 记录原则上和生产批量编号相关；同样，物流中心的拣选指示与发货订单编号相关。

拣选作业的类型多种多样，有人工拣选，有机械自动化拣选，还有混合拣选。

此外，还有从平置仓库直接拣选物品和另外设置拣选场所进行拣选的方式。前者是小规模物流中心和仓库等采用的简易方式。这种方式的缺点是一旦领取数量增加就跟不上供应，所以保管场所和拣选作业按功能分开进行。在这些方式中，仓库为了提高保管效率多向立体化和自动化发展；另一方面，拣选场所为便于操作采用按项目或 SKU 分类摆放物品的保管棚方式。拣选场所定期从仓库统一领料补充，这时，需要另外一种与拣选指示不同的补充指示。

拣选方式大致分为指令拣选和总批量拣选。拣选方式不同，领取指示的清单形式也就随之改变。

如字面意思所示，指令拣选是一种按照发货指令逐个拣选的方式。人工拣选时通常使用平板车或推车等运载工具，作业人员看到拣选指示单（实际上和发货指令内容相同的指示）后往返于对象保管场所和本处保管棚之间，提取所需数量放置在板车上。这和超市里顾客活动的方式相同，购物小票等于拣选指示单。这种方式简单易懂，但一张指示单中列出的项目太多，拣选的移动路线较长，作业效率低下是其缺点。

另一方面，在总批量拣选中汇总多个发货指令后集中处理，按项目分类汇总数量，制作拣选指示单，然后一次性领取同一物品送到分拣场所。分拣场所按照发货方分类摆放发货箱，再按各发货方进一步细分后装入发货箱。

因为该作业与农业的播种相近，所以总批量拣选的别名也叫“播种方式”。与之相对，指令拣选也叫“采摘方式”，因为指令拣选和采摘果实相近（图 7-4）。

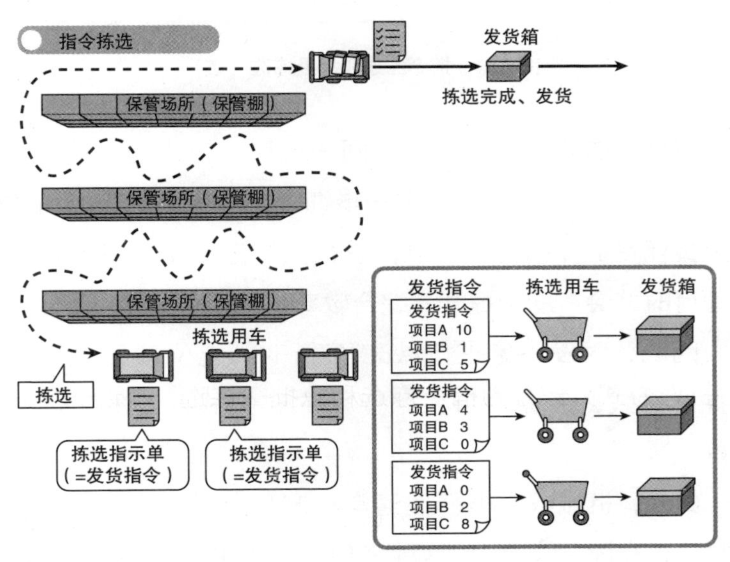

图 7-4 指令拣选和批量拣选

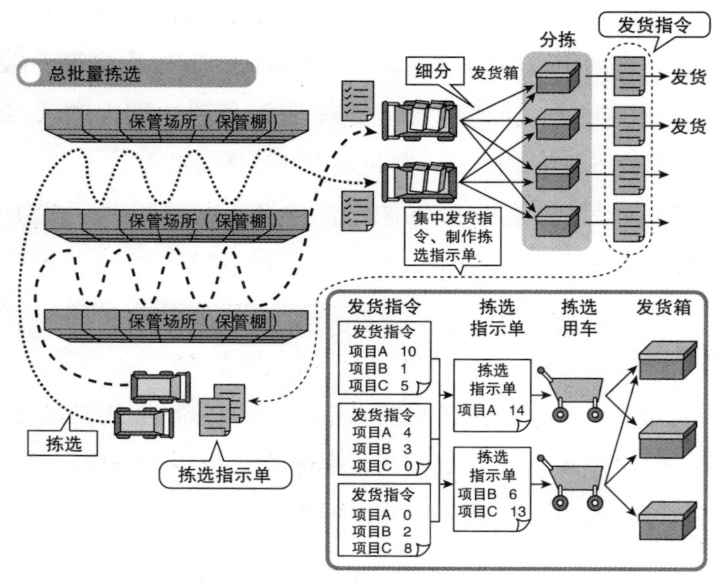

图 7-4 指令拣选和批量拣选（续）

总批量拣选的优点是集中同一项目大量拣选，其移动效率高。反之，领料后需要进一步细分工序，因此在场所和时间上会耗费更多精力，所以，总批量拣选用于发货量稳定的多项目时才会有助于提升其综合效率。

因此，对发货量进行 ABC 分析时，上位项目采用总批量拣选方式，下位项目采用指令拣选方式，二者配合使用更好。

此外，机械或家电行业通常在产品上搭配附件、备件和耗材等进行配套发货。这种搭售作为 BOM 预先在仓库管理系统（WMS）中定义。工厂中的“最终产品”在这里只作为零部件之一处理。 在这种情况下，批量拣选方式更有效，拣选指示应该与之联动。

同样，在一般日用消费品行业和服装行业中，初次向市场投放多款新产品时经常采用一种搭售促销活动的方式。 此时，因为套装组合也是预先确定好的，所以作为 BOM 录入而且拣选指示与之关联。 因发货方不同更换套装组合时，采用前面说明的“在生产订单中附带 BOM”的方式即可。

拣选指示单的内容同样也是寄送通知单的明细。 将备齐的项目置于发货箱中附上寄送通知单，这样发货作业才算完成。

Q 利用 BOD（分配清单）吗

——抱歉！BOD 这个词我没听说过。应该不是废水处理专业用语吧……

BOD 是 Bill Of Distribution 的简写，令人遗憾的是日语中没有对应的词汇。 BOD 是在项目上补充位置信息的清单。

在 BOD 领域中，同一种物料无论在什么位置都是同一种。 而生产领域因为工厂环境相对闭塞，所以不必考虑位置差异。

但从广域物流和运输功能的角度考虑时，即使同一种物料，如果把存放在东京的物料和存放在大阪的物料看成同一种就不恰当了。 因为将大阪工厂生产的物料运往东京的中转站时运输工序必不可少，所以需要用到 BOD 的观点。

关于 BOM 再重申一遍，BOM 是相互关联的物料和数量清单。在生产领域中遵循一系列操作顺序（工艺路线）使用输入的物料和数量生产输出的物料和数量，对这个关系进行定义的总清单就是 BOM。而且零部件和物料在工厂中经过各种加工、变形、组装工序，经历无数的中间形式最终成为产品，并在需要保管和管理库存的各项中，会把它们规定为独立的"物料"（虽然也有"虚拟件"等例外）。

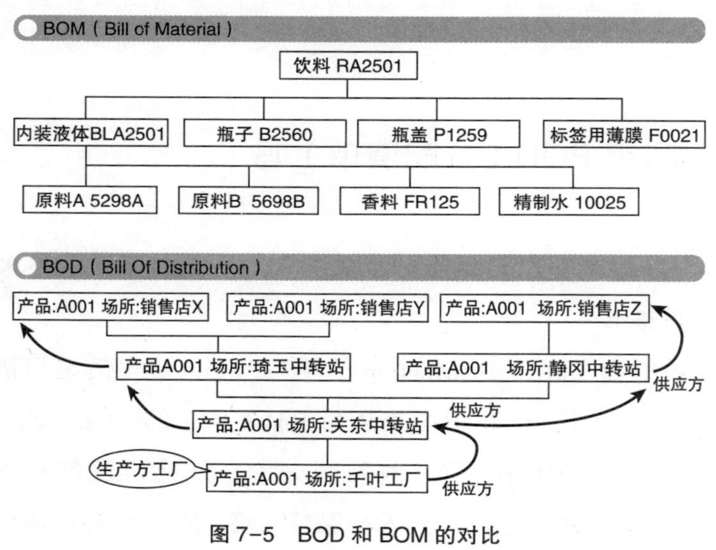

图 7-5 BOD 和 BOM 的对比

站在更高的角度看，物流和运输从更广的意义上属于与生产相提并论的供应活动的一环。将大阪工厂生产的零部件作为产品供给东京市场时，由大阪工厂保管的产品和运往东京的产品应区别对待，因为之间需要插入运输这道“工艺路线”。BOD 就是为此产生的。所以说 BOD 是 BOM 的一个兄弟（图 7-5）。

拥有广域供应链资源的企业应从广域背景出发制订生产、销售和库存联动计划。英语取每个单词的第一个字母，将这个计划称为“PSI（Production-Sales-Inventory）计划”。

这个 PSI 计划在总公司集中制订方案，其中采用与 MRP 相近的 DRP（配送需求计划 Distribution Requirement Planning）方案时需要用到 BOD。在 DRP 中按以下步骤确定生产和运输量（图 7-6）。

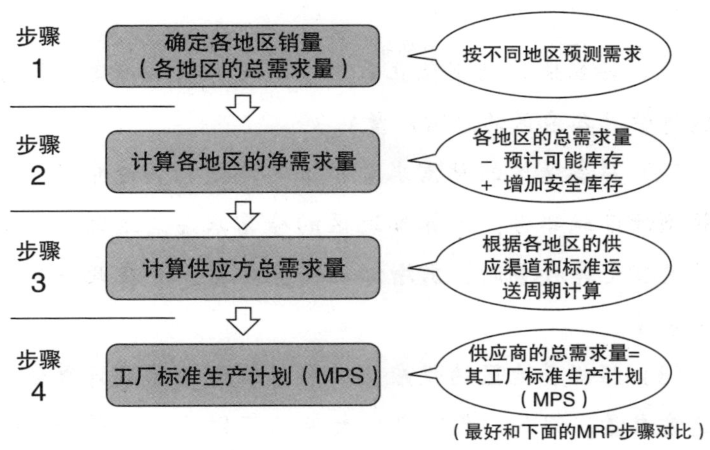

图 7-6　DRP 的步骤与 MRP 的步骤

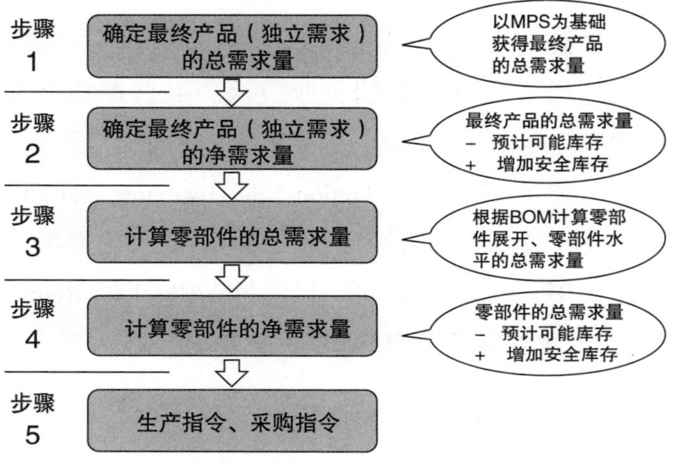

图 7-6　DRP 的步骤与 MRP 的步骤（续）

(1) 按各地区预测独立需求，以此为基础确定不同地区的销售量（各地区的总需求量）。

(2) 从各地区的总需求量扣除各地区的物流中心、中转站的预计可能库存，计算各地区的净需求量。这时，各地点在确定安全库存量时，需增加该安全库存，并在此基础上计算需求量。

(3) 根据各地区的供应渠道和标准运输周期计算供应商的总需求量。例如，已决定从大阪工厂供应名古屋物流中心和广岛中转站，运往两地均需耗时一天。假设名古屋的净需求量为 100 件，广岛的净需求量为 70 件，则应该在前一天大阪工厂的总需求量上加算 170 件。

(4) 这样计算得出的生产工厂的总需求量相当于该厂的 MPS。因此，接下来应按 MRP 的步骤制订生产计划和采购计划方案。

在日本，可以认为利用这种 DRP 的国内企业比 MRP 的用户企业更少，理由多种多样。因为在今天狭长的日本国土上物流业非常发达，一般耗时一天就能将货物送到指定地点，这是很少利用 DRP 的最大原因，因此无须制订大型运输计划，直接要求工厂发货即可。此外，还有物流和生产时段无法很好调整（物流耗时一天，生产耗时一周等）等技术问题。

这种情况如果放在美国，即使是国内配送，选择陆地运输通常也需要耗时 4 天至 1 周，所以由总公司统一制订计划方案是有意义的。在日本企业中，当涉及包括中国和东南亚地区在内的国际供应链时，由总公司统一制订计划方案的企业才会利用 DRP。

BOD 是一种以物料+位置信息为重点录入“物品”之间关系的主数据，它与 BOM 只录入物料关系而不涉及位置信息的特征大不相同。关于广义 PSI 计划方案需要配备和维护 BOD 这一点，希望大家都能了解。

第 8 章 用于销售方面的 BOM

Q 在 BOM 中采用产品选项吗

——这个问题的确是令人烦恼的根源。客户期望的产品功能和规格多种多样，我们也试图通过提供各种选项和附件设法满足客户需求。关于某种产品的构成如何，从交易到报价既无期限，销售部也无从考虑。在这种状况下总算设法突破价格竞争环节并拿到订单。接下来，一进入向设计部说明具体订购规格的阶段，抱怨就接踵而至，“这样要求怎么实现？如果增加特购零件，这种价格根本拿不下来。”真是令人欲哭无泪！如果选项能趋于模式化就好了。

在以汽车产业和 PC 业代表的组装加工业中，针对标准模式设置产品选项规格的做法非常普遍。例如，如果产品是汽车，从车体外形的色泽，车内装饰的精加工，手动变速或自动变速，配备安全气囊，到搭载汽车音响的等级等能够设置多种产品选项供消费者选购。

这样引进选项的目的当然是为了灵活应对消费者的多样化需求和促销。但在世界范围内最先投入汽车批量生产的亨利·福特公司早期销售的黑色 T 型车只有一种款式。

"顾客可以将这辆车漆成任何他所喜欢的颜色，只要它是黑色的"（Any customer can have a car painted any color that he wants so long as it is black），亨利·福特的这句名言就是这时诞生的。福特公司采用的不是之前的汽车订购生产方式（即面向特权阶层），而是通过聚焦单一车型使大量预计生产成为可能，采用低价位产品抢占巨大的市场空间。

但是，在汽车步入完全商品化的今天，采用单一销售模式是无法赢得竞争的。企业需要通过增加各种产品选项来满足消费者更具体的喜好，这种情况在电脑行业也一样。电脑业初期的通用机属于订购生产，随着引进"Apple Ⅱ"和"IBM PC"等低廉的单一模式，终于开拓出面向大众消费群体的市场。时至今日，PC 已经发展成一种可提供 CPU 速度、磁盘容量和内存容量等多种选项的商品。

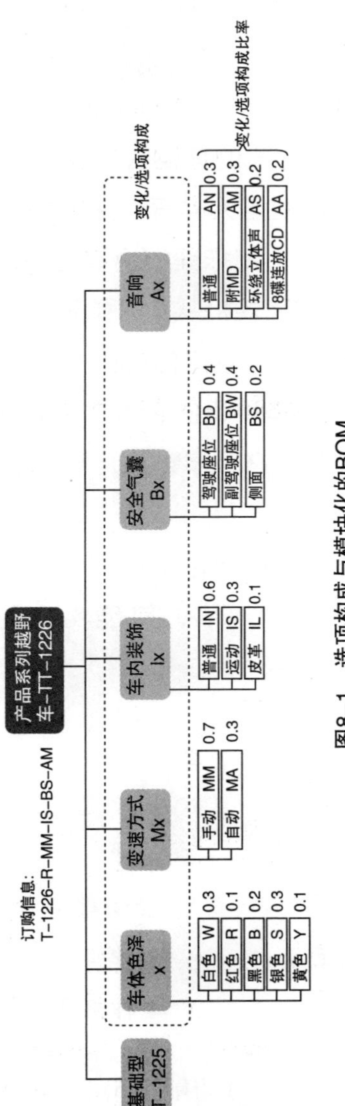

图8-1 选项构成与模块化的BOM

因此，一种产业从摇篮期开始经历普及期再步入成熟期，随着发展阶段的一步步推进，从单品订购到预计生产再到产品选项选择的订购生产，其演变模式历历在目。

但是，灵活应用选项的订购生产和行业发展初期阶段的单品订购生产之间存在巨大差异，这就是“固定模式化”思考方式。模式化就是根据标准模块将选项进行变化组合的方法。这种方法与按订购规格从零开始设计所有零部件的单品订购生产存在本质差异，就好像订购住宅房屋和预制住宅房屋之间的差别。通过模块化使必备件和局部组装实现生产程度最大化，不仅降低生产成本，从订购到交付成品的周期也大大缩短。

那么，怎样处理这种包括多重选项的 BOM 呢？令人头疼的问题之一是：选项越多，可能实现的最终产品（End Product）的数量越会成倍增长。

例如，汽车选项如下所示。

·车体外形色泽	**5 种**
·车内装饰种类	**3 种**
·变速方式	**手动或自动**
·配备安全气囊	**3 种**
·搭载音响	**4 种机型**

这样一来，最终产品数可能是 5×3×2×3×4 = 360 种。因为 BOM 要从最终产品追溯至采购件或物料等进行定义，那

么，是不是必须制作并录入 360 种 BOM 呢？

这时应利用“简化 BOM”和“模式化 BOM”。首先在简化 BOM 中录入基本型产品及与对应各选项模块的局部组装的相关 BOM。在此基础上，作为上位的假定最终产品来定义该产品系列。将该假定产品系列作为母件、基本型产品和各局部组装件作为子件录入。

此时，作为“母子关系”的件数采用选项选择比率。如果明确用户选择的平均物料为 30%，自动选项为 70%，根据产品系列分别设置变速装置的件数为 0.3 和 0.7（图 8-1）。

通过这样定义 BOM，不仅使主数据信息的维护工作轻松易行，利用 MRP 时只需针对 1 个产品系列进行操作就能替代预测 360 种最终产品的销售了。

当然，根据不同用户需要经常对选项的选择比率进行修正，即便如此，只要针对 5+ 3+ 2 + 3+4= 17 种模块推算该选择比率就可以了。

因此，对于有选项的产品，根据模块化来展开，是非常有效的。

Q 关注和采用 BTO 方式吗

——还没有。BTO 是戴尔电脑公司采用的方式，像我们这种与网络销售 PC 不同的部门能采用 BTO 吗？

我在前面产品选项中提到，步入成熟期的现代组装加工业是一种订购生产倒退的形式。为了应对多样化顾客需求不得不这么做。我们将大量生产“销售产品”的方针称为“推出产品（Product Out）”，相反将“迎合顾客需求生产”的方针称为“市场需要（Market In）”。产品市场的成熟就是从由卖方主导的“推出产品”向由买方主导的“市场需要”的一种演变。

但从生产的立场而言，因产品选项的多样化导致生产陷入困境。如果不确定单件订购，就无法开始生产。在接到顾客希望订购一款绿色车体的需求前，如果组装生产线上的汽车是红色车体，就会成为无效库存。

顺便提一句，在美国，汽车行业销售过程中有一种被称为“沙漏计时器”的现象。大家知道沙漏计时器的中段狭窄变细，假设沙漏计时器的顶部是工厂可能生产的产品种类，底部是客户的多样化需求，无论二者的范围多广，沙漏计时器的中段流通过程（特别是经销商）的选项都是限定的。

这是什么意思呢？我说明一下。现在，假设有一个人想购买一辆蓝色福特 Taurus，于是他前往福特经销店。但是很不巧，这家经销店只有绿色福特 Taurus。顾客虽然想购买蓝色车型，但一问交货期，居然要等 4 周才能拿到车（美国幅员辽阔，运输车辆耗时长）。因此，经销商就建议这名顾客，“您不如来一辆绿色福特 Taurus”。这样一来，与苦等一段时间才能拿到车相比，顾客考虑选购绿色福特车型的可能性更高。

但是，接下来经销商会怎么做呢？ 可能他依然会订购一辆与售出车型相同的绿色福特 Taurus，虽然终端客户明明提出想购买蓝色车型。 这样一来，汽车制造厂在不了解顾客实际需求的情况下，陷入重复生产经销商偶尔摆在展销厅店面车型的困境中。

那么，怎么办呢？ 解决这个问题的就是 BTO（Build To Order，按照客户订单生产）生产方式。 BTO 这个词因戴尔电脑名声大振，丰田汽车在某种程度上也采用与此相似的生产模式。

在 BTO 方式中，原则上选项模块全部放在最终组装工序进行。 为了避免在加工或组装初期阶段，以及中途，才准备选项零部件的情况，应该从设计阶段起就开始考虑好。 然后根据预计生产的情况生产可投入最终组装工序的通用构架（基础模块）和选项零部件，并作为库存。 当接到客户的单件订购时，根据其指定选项组装模块后发货。 从接单到发单最终组装检查只有一道工序，所以周期比普通的订购生产会大大缩短（图 8-2）。

虽然 BTO 方式有计划地进行了成品前状态的零件库存，但基本没有成品库存。 这样一来就能避免上述的沙漏计时器现象。

对应 BTO 方式时，如果 BOM 保持单一 A 型结构就不恰当了，这一点大家应该能理解。 BOM 必须采用基础模块和各种选项模块分别并行展开、在最终阶段构成合流的形式。 而且，正是因为形成这种 BOM 形式，前面提到的简化 BOM 的利用价值才得以提高。

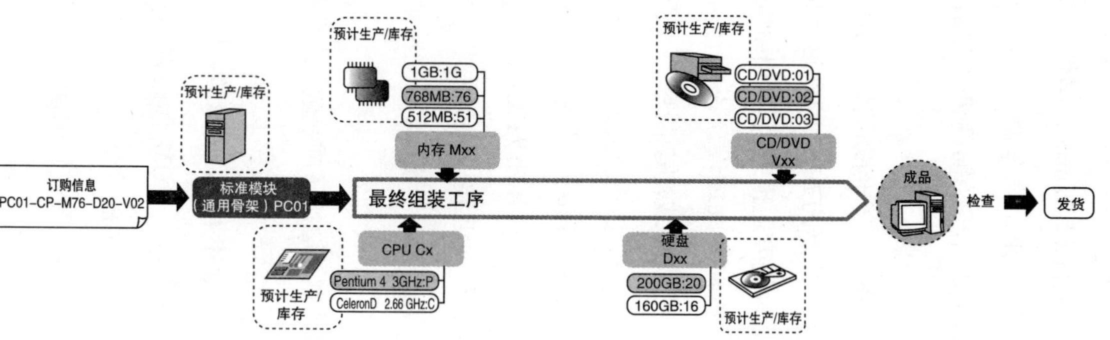
订购信息
PC01-CP-M76-D20-V02
预计生产/库存
标准模块
（通用骨架）PC01
预计生产/库存
1GB:1G
768MB:76
512MB:51
内存 Mxx
预计生产/库存
CD/DVD:01
CD/DVD:02
CD/DVD:03
CD/DVD
Vxx
最终组装工序
CPU Cx
Pentium 4 3GHz:P
CeleronD 2.66 GHz:C
预计生产/
库存
硬盘
Dxx
200GB:20
160GB:16
预计生产/库存
成品
检查
发货

图8-2 BTO生产方式

为此，我们应该做好从根本重新考虑设计的思想准备，这项工作只靠营销部和生产部无法实现，而且根据产品的种类和结构，仅仅在最终组装工序中组装选项模块，困难的情况将屡屡发生。此时，必须在中间品生产工序中采用后述的 ATP（销售框架管理）方式解决相应的运用问题。

但是，还有另一种通过在工序设计上下工夫实现的 BTO 方式。这就是与产品主体相比，产品外包装和包装形式变化多的产品。在进入包装阶段前先切断传统生产模式，即在传送带或生产线上生成最终产品的“一贯制生产”流程，然后将未包装的中间品作为库存放置起来。接到订单之后仅根据客户需求进行外包装作业然后再发货。这种方式通过在 BOM 中增加一层，就能达到防止无效生产的目的。

Q　利用配置器吗

——没有利用过，但是好像在哪儿听过。配置器是什么？我们公司能用吗？

灵活应用产品选项、按客户要求完成的订购生产被称为“大量客制化（Mass Customization）”。这是一个 Mass Production（大量生产）和 Customization（订购生产）混合而成的用语。

在大量客制化的情况下，企业营销部和生产部必须进一步增强信息交换。必须将单件客户订购（规格）信息正确传达给生产部投产，而且产成品必须如期送到顾客手中。

连接大量客制化生产和销售的工具就是配置器。

配置器（Configurator）是一种软件。在该软件中输入顾客希望的规格和选项，系统就会自动生成所需零部件和条目。输入配置器中的数据是销售负责人从顾客处获取的信息，而且输出的清单通过在线方式提交给生产部门并与生产编号相关联（图 8-3）。

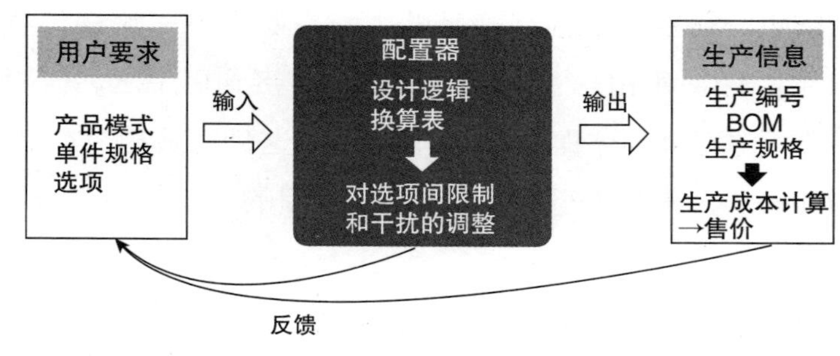

图 8-3 配置器

配置器通常和 Order Entry System（电子订货系统，OES）一起配合使用。OES 对顾客的姓名、送货地、订购编号、金额、指定交货期、支付方和支付方式等所有销售信息进行管理。另一方面，配置器对产品的模式名、单件规格、选项等用户需求和对应生产编号、BOM 及生产规格等生产信息进行管理。

其中，配置器生成的 BOM 非常重要。它不仅是针对单件生产编号生成的支出零部件清单，也是与销售金额相对的构成生产成本计算的基础。

配置器发挥其威力是在产品选项特别多和选项间的限制或干扰发生的时候。

产品选项多时，为了节省人为判断消耗或避免错误，需要借助系统帮助。选项“多”不仅包括选项的项目数和各项目的选择分支多，也包括在选项的项目中，直接指定某性能值或指定数值的情况。在这些情况下，只要在配置器内部加入一些简易设计逻辑或换算表，就能确定符合输入值的零件组合。

此外，配置器也适用于选项间存在限制或干涉时。“选项间的限制”是指例如在挑选蓝色车体外壳时，车内装饰应避免选择补色的褐色色系。也就是在选择某选项时其他项目选项受到限制的情况。“选项间的干涉”是指因为一个选择导致其他选项的项目选择分支改变（不得不改变）的情况。有时在设计过程中会不自觉地运用这些限制和干涉，但也有因模块化不完备不得已出现的情况。特别在后者中容易导致因果关系趋向复杂，为了避免错误发生，配置器的作用非常重要。

而且在网络销售中，一旦顾客指定希望的产品选项和规格，幕后的配置器就开始运作，还有生成所需项目提交清单的机制也会运作。因此，今后与顾客关联直接操作的配置器可能会不断地增加。

Q　在 BOM 的基础上设定产品的标准交货期吗

——标准交货期？这个问题有点难。客户的要求说白了就是“现在马上要”，即不等待。虽然这么说，从实际制造产品到交付需要时间，所以，我们只能承诺一个大致的预测期限。这个期限凭经验推测，关系到确定交货期时，还得询问负责生产计划的一方。可是，这个问题和 BOM 有关吗？

在现代制造业的营销活动中，产品的可承诺交货期占据非常重要的位置。在允许产品大量库存的时代，无论面对什么询价都可以承诺“即付”，但在今天这种大量客制化的环境中，保持产品库存越来越困难。从财务角度来说不仅要求压缩库存，而且为了增加产品变化，备齐全部库存的品种本身就很难。

因此，大多数企业通常采用的做法是制定各种产品的标准交货期。当客户询问时，①确认库存，有库存时承诺对方即付；②没有库存时，以标准交货期为基础进行承诺。

那么，怎样确定这个标准交货期呢？

实际上，企业的生产形态不同，确定标准交货期的方式也不同。企业的生产形态分为预计生产、重复订购生产、单品订购生产 3 种。

“预计生产”是一种根据预测需求生产和库存的经营方式，英语也称 MTS（Make To Stock，按库存生产）或 ATS

（Assemble To Stock，按订单生产）。 因为有库存品，从订购到交付为止的周期仅存在着物流周期（发单和运输需时）。在国土面积狭长的日本，只要有库存，当日接单、次日发货的情况十分普遍。 如上所述，但在产品变化日趋多样的今天，只采用预计生产方式未必能够应对顾客的要求。

这样一来，依托重复订购生产的经营方式多起来。 即使在一家企业中，采用预计方式生产畅销的主打产品，同时其他联合产品不设库存，采用重复订购生产方式来应对，这种情况很常见。

“重复订购生产”是将列入商品目录的品型，进行单次订购生产的一种方式。 接到订单后不久需经过从筹办物料——加工——组装——最终发货检查——再发往物流的一连串工序，其合计就是标准交货期。 因为设计已经完成，所以不必考虑其时间问题，只要满足从筹办物料到发往物流的标准周期即可。 此外，在应用 MRP 的企业中，除了物流时间外应在所有 BOM 附带的工艺路线主数据中录入标准周期。因此，在合计这些数据的基础上增加物流所需时间就能得出答案（在应用 DRP 和 BOD 的企业中，物流也应录入标准周期）。

如果企业方针是保证主要物料（特别是筹办期长，即“工程所需时间长”的物料）的长期库存，标准交货期就会进一步缩短，经加工+ 组装 +检查+ 物流环节，然后结束。

当然，即使合计，在 A 型 BOM 产品中也需要并行推进多道零件加工工序，所以不是简单的总合计，而是从采购材料到最终组装工序为止在多道路径中寻找耗时最长的路径，即寻找项目日程中所说的“关键路径”。这是构成产品标准交货期的基础。因此，在重复订购生产中，BOM 和工艺路线对设定标准交货期具有非常重要的作用（图 8-4）。

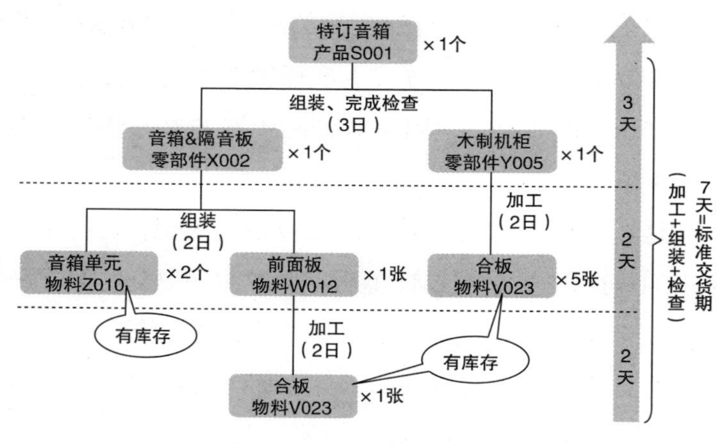

图 8-4　BOM 和标准交货期

在单件订购生产行业中，当接到订单后，从设计——筹办物料——加工——组装——最终发货检查——再到物流，需要经过全部工序。

但是，因为单件订购生产从设计开始，BOM 本身尚不能确定。需要考虑规格难易程度等因素，与此同时参考过去经验的基础上预测从设计到物流的时间，因此标准交货期的设定比较困难。在这些行业中只能采用与项目调度相同的方法。

因此，有效利用产品选项组合，怎样将单次订购生产纳入重复订购生产或预计生产，成为了关键。 BTO 是其有效方法之一。

Q 根据 ATP 管理交货期吗

——又是一个新词。这个词是什么意思？在日语中指什么？如果指承诺交期或遵守交货期还好理解，不过它是什么秘诀的意思吗？

对，ATP 与秘诀的意思相近。

我在前面保证产品长期库存的预计生产方式中提过，对顾客的询问承诺“即付”，但这个承诺正确吗？

其实未必正确。 关于这一点只要从事过销售工作的人都明白。 因为在这里需要考虑产品库存的“预计”问题。

接到顾客询问的销售负责人在确认库存的时候，可能会遇到 3 种情况。

①产品库存能够满足顾客的订购量；②库存余量不能满足顾客的订购量；③有库存余量，但已用于其他订购，不能满足己方顾客的订购量。 其中，能承诺“即付”的只有①。

第③项有物理库存，但处于已被其他发货方“预约”的状态。“预计”是指锁定已经决定某特定具体用途的物品。 所以，正确的计算公式如下：

现有库存量-预计支出库存量=有效库存量

必须将结果“有效库存量”和顾客的需要量进行比较。预计数量比前者多时应等待工厂到货（生产）。那么，有效库存量不足时，是否应该马上向工厂提出生产要求呢？还有，是否需要做好和重复订购生产相同的标准交货期的思想准备呢？

当然不是，因为工厂按己方确定的生产计划运作。即使这时没有库存，实际上可能已经处于生产过程中，到了明天该产品会马上到货。也就是说，承诺顾客询问的交货期时，不是基于现时段现有的有效库存量，而是根据不久即将到货的预定库存量进行权衡考虑的。所以，在很多企业中，销售工作的重要组成之一是打电话询问厂方生产计划负责人确切的预定到货（预定生产）情况。

即使这样，由销售每次都询问厂方的方法也不足取。这样做既繁琐又耗时，期间还存在丧失顾客的危险。

ATP 是一种改革这种状况的方法。这个词是英语 Available To Promise 的略称，直译过来是“可承诺量”，但我觉得译为“可销售范围”或“销售范围管理”更恰当。

通常 ATP 以主生产计划（MPS）为基础，是表示各产品需求和库存量推移情况的数字表。供方的预定量是工厂依据的主生产计划的数量，与之相对，需方的数量是销售部预计销售（发货）的预定量。但是我们知道，即使是一口价的销售预定量，从已确定的订购——交易谈判过程中的订购——再到夹杂着笼统期望的需求预测，需要确定的范围太广。

因此，关于需求方的预定应根据销售部承诺的各产品的

估算供需表和示意图

预定期间 / 数量项目	1月				2月			
	第1周	第2周	第3周	第4周	第1周	第2周	第3周	第4周
A预定供应量	100	0	0	100	100	0	0	0
B确定需求量	100	20	60	20	20	100	40	0
C估算供应量	100	200	200	200	300	400	400	400
D估算确定需求量	0	100	120	180	200	220	320	360
E可销售范围（ATP）C-D	100	100	80	20	100	180	80	40

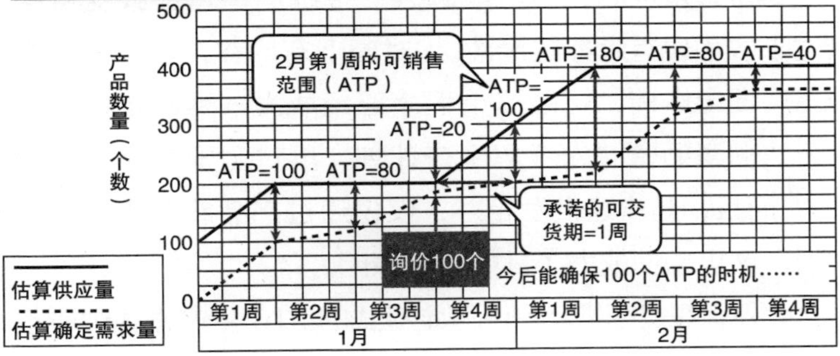

图 8-5 今后的可承诺量 ATP

销售预测量来进行计算。主生产计划（MPS）本身应以满足该条件为决定标准。此外，获得确定的订单后，应该核对消除销售预测量（该核销计算，因预测时期和确定订购时期不同的情况较多，所以应采用初期累计量）。换句话讲，就是要将今后的预定供应量进行预计后，再预约。那么，未预计的部分根据下述公式进行计算。

预定供应量-确定需求量=ATP（未预计的可供应量）

这也是该时点的可承诺量（图 8-5）。将结果和顾客期望的数量进行比较，就能承诺正确的交货期。这种方式是日本部分家电行业从 20 世纪 90 年代初起以“生产座席预约系统”进行命名，并实际应用的一种模式，但 ATP 概念本身早在 80 年代前半期已经在美国确定。

因此，虽然 ATP 不是一个新生概念，但为什么直到现在还处于一种“秘诀”状态，尚未推广开来呢？

尽管只是推测，但可能起因于传统销售管理或交货期承诺过于依赖现有库存的缘故。对照现有库存，如果无库存就向工厂提出申请，可能这个程序已经成为一种固定概念，人们无法彻底颠覆“先考虑生产计划，再对照预定库存”的顺序。而且，与流通批发相对，仅仅通过产品库存这一壁垒起作用，这也恐怕成为了其中一个原因。

此外，在贯彻推动产品固定模式的 BTO 生产方式中必须对中间品 ATP，而不是针对产品进行管理。为此，需要进行能清楚了解预测模式化 BOM 和最终组装工序周期的 ATP 计算。

总之，ATP 必须保证“承诺交期”这一销售部和生产部之间的调整事项，正确和最大限度地发挥效率。ATP 是一种全方位的能量武器，这一点希望大家能够了解。

专栏 4　半导体制造厂的 BOM

作为单件订购生产制造业的典型代表，我想列举半导体制造厂的 BOM。这里希望大家注意：①怎样和顾客进行交易，怎样支持包括生产现场在内的企业整体；②怎样通过 BOM 共享顾客需求。

制造装置通常要求以产品的基本规格为核心准备多种选项以应对客户厂商的需求，有时为了满足特订需求还要改造基本规格和追加功能。从这些特征来看，营销活动不仅是简单的销售还涉及技术，是一种技术性营销工作。而且，在和顾客协商的过程中需完成面向特定顾客的生产规格——即 BOM。在该营业阶段必须提供满足顾客需求的规格，同时，正确和迅速地计算交货期、成本、售价非常重要。在这些情况下应灵活运用模式化、配置器等机制。

例如，某工厂以 ERP 软件为基础实现下述选项。这家企业的营业网点遍布欧美、亚洲、日本等地，生产过程采用日企生产体制，国外各营销网点采用独立核算制度，与总公司之间形成买卖关系。

首先，各国的销售负责人从向顾客推销到报价不断推动双方之间的谈判过程。销售员在电脑上进入订单画面后制作报价单，根据标准模式选定一款与客户需求最匹配的机型，选择必选项，附加说明，然后利用电子数据交换（EDI）将信息发至日本总公司的总销售部。这时，在销售所在地输入的报价申请信息按临时订购信息形式展开后，发到总公司。本公司接到销售网点发来的信息后将该信息作为报价申请信息处理的同时，与设计部、生产部并行计算成本和调整交货期。在总公司完成的报价信息再经过相反路径利用 EDI 发回销售网点。

销售网点在总公司发来的报价信息基础上加入己方的“战略判断”后开始和顾客议价。当顺利确定正式订购时，调出刚才录入的报价请求信息后展开订购。销售所在地的订购信息作为订单经由 EDI 发往总公司并成为总公司的订购信息。

这种截至订购阶段之前构成操作的信息核心就是 BOM。预计用 BOM 和由此展开的订购 BOM 是其主要角色，但这里确定的订购 BOM 稍后还要进一步形成生产指示 BOM、生产实绩 BOM 和维护服务 BOM。以这家企业为例，BOM 要求的特征如图 8-6 所示。

首先，需要反映包括国外销售网点在内的 4 个销售点各自的需求，即必须充分分析各销售点相关的客户信息，设计基本模式和配备必选项；选项设定还要确保灵活应变。BOM 作为构成这些作业的基础必须经常进行维护检查。

其次，对于制造装置厂来说售后服务非常重要。对于交付客户的装置不仅应提供消耗品和备件，有时根据客户需求还要派遣专业技术人员上门服务（这种活动形成与客户之间构建良好关系的通道，与后续订购相关），在此 BOM 信息同样不可或缺。交付的装置有正确的 BOM，其附带的技术信息和零部件等必须在各售后服务网点进行整理。

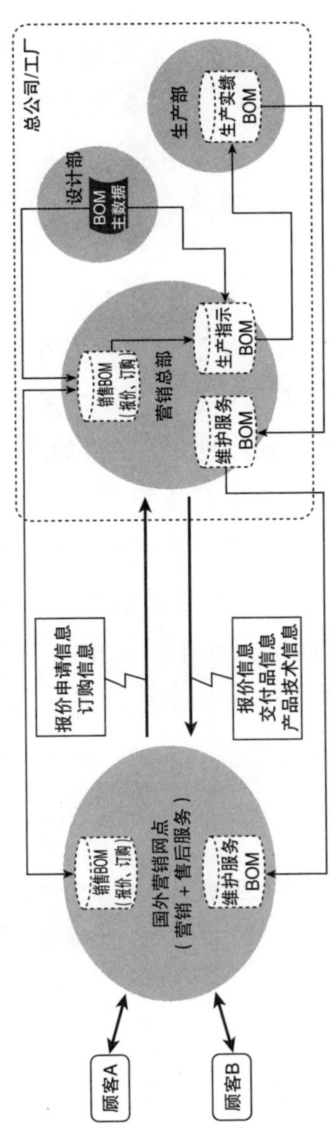

图8-6 半导体制造厂的BOM关联图

此外，与客户交涉、报价和提供售后服务时，各负责人在认识 BOM 的基础上能储备充分的产品知识很重要。各人必须在同一层面使用相同的单词（项目和规格定义等）向顾客传达信息，但企业旗下有多家国外销售点时，这一点并不容易实现（在国外，转职现象比较普遍，人员频繁变动也是原因之一）。虽然从系统入手运用配置器等工具能够提高作业效率，但需要认识到最终成果（如果是销售，最终成果就是订购）在很大程度上依赖使用系统配置工具人的力量。所以，以 BOM 为基础开展技术教育很重要。

如上所述，在订购生产型制造业中，BOM 作为表示该产品规格的唯一信息源是构成全部业务的核心。前面提到 BOM 是 DNA，也可以说 BOM 像 DNA 一样重要，甚至是更表面化的有形存在。

第 9 章
用于售后服务的 BOM

Q　实行产品的批量跟踪吗

——批量跟踪？好像在原材料事业部探讨过，我们售后服务主要负责机械产品，仅这一项零部件的件数就不少，实行批量跟踪似乎不太现实吧？

批量跟踪到底是什么？ 想必不说大家也知道，但好像正确理解和定义这个词的人很少。

“批量”指物料的一个集合。 英语“Lot”一词在日语中类似“一套”。 那么，这个“集合”是指什么时间，在什么地点，由什么人整理呢？ 这根据从什么角度来理解批量，换句话讲，就是用什么管理目的来设定批量而定。

从生产的观点来看，“批量”在进行“批量生产”的各工序中由生产时段决定。 使用生产设备加工某项目时，一般需要为加工此项目做准备（前期准备工作）。 然后，当完成一定数量的加工后，就开始下一项目的准备作业。 我们把从这一准备阶段到下一准备阶段之间连续生产的一个集合物料称为“生产批量”。 当然，只在一个准备期间加工 1 件物料时，这个 1 件也相当于批量。

这样的生产批量一般和生产订单（生产指令）存在一对一的关系。 批量是物品的集合，订单是指示信息，请注意二者之间的区别。

此外，在 BOM 的层次深、工序多的生产行业中，有时将生产最终产品工序的生产批量称为“产品批量”以示区别。

但在未特别注明的情况下，一般认为生产批量 = 产品批量。

此外，有时还对从外部筹办的原材料标注“原材料批量编码”。

对生产批量处理最严格的是医药工厂。 医药工厂规定所有产品（医药品）必须标示生产批量编号，还要录入单批量所需的原料组（即 BOM）和生产批量之间的关联。 要求必须能够追溯和查清哪个生产批量对应和使用哪个原材料批量。即使生产过程中出现原料不足，也严令禁止使用生产现场的剩余物料进行补充。 此外，即使生产由多道工序构成，也应在保证批量同一性（不能混合，也不能分开）的基础上在工序之间进行交接。这是因为医药品直接关系到消费者（患者）的生命，所以必须要确认安全性。

食品业和化妆品行业等也纷纷效仿这种做法，严格执行批量跟踪的趋势十分活跃。因为不论哪个行业都与人们的健康息息相关。

从这层意义来讲，在严格要求产品安全性和品质标准的行业中，对批量的认识非常重要。

从品质管理的观点来看，仅用“从上一个准备阶段到下一个准备阶段”区分产品批量还不够，只有集中同一生产规格、同一加工条件、同一原材料品质才可能获得同样的品质。在生产批量过程中改换原材料时必须立刻区别处理。

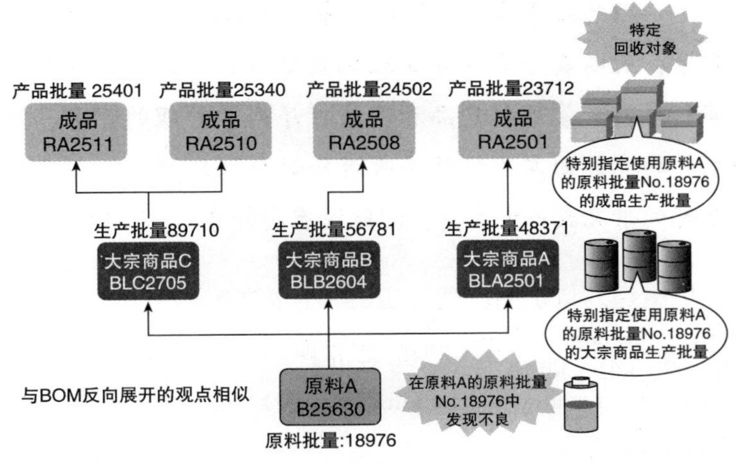

图 9-1　批量跟踪的功能

此外，从物流的观点来看，“批量跟踪”是指追查哪个产品批量发到哪个货物发送地或交给哪位客户的一种功能。为了实现这个功能，必须在各物流阶段录入对应 SKU 的产品批量编号以应对运送指示。

对服务部来讲，当被问及交到顾客手中的产品的品质特性时，能否区别该问题属于哪个产品批量非常重要。而且，要能鉴别产品批量，根据 BOM 追溯至零件和原材料阶段，查清问题因为哪个生产批量、哪个原料批量引起的，这无疑是最理想的（图 9-1）。

Q　进行序列号管理吗

——因为在特殊机械事业部中，订购编号 = 生产编号 = 序列号，所以实行序列号管理比较简单。但是，机械事业部有实行序列号管理的产品和不实行序列号管理的产品，没有序列号的产品因发生故障要求返修时会很麻烦。关于原材料事业部的情况我不太清楚，可能没有实行序列号管理。

批量是为特定的管理设定的，它指物料的一个集合。日语中的“管理”一词概念似乎比较模糊，但英语中的“管理”有 Control、Tracing 和 Tracking 等几层含义，也就是说以实现下述几项内容为目的。

(1) 在批量上标注单个 ID，可识别。

(2) 在该物料的集合上，标注批量的 ID 标识（批量

单）。

(3) 在生产或物流过程的关键环节，记录通过该处的批量 ID。

(4) 根据这些标识掌握具体状况信息，如特定批量于什么时间，在什么场所保管，交付给什么人或是否处于从某处到某处运输的过程中。

(5) 制作以批量 ID 为基础的账簿或主数据，在其中录入批量信息。

为此，对象物料至少应该呈现“独立的存在”方式，也就是必须是像 1 个、2 个可数的固体形式的存在才可以。供应城市天然气的天然气公司不会对经天然气管道输送到各家各户的天然气采用批量管理。但是，在液化气罐中储存的液化气可以通过在液化气罐上标示的批量单进行跟踪调查，液化气通过储存在液化气罐内成为等同于“独立存在”标准的固体。同样，纤维、电线、封印纸、纸张等也属于软性物体。这些物料本身连续存在，中间没有间断，但是，如果把它们卷在轧辊上变成独立包装形式，就能够标注批量。

将以跟踪为目的的批量编码落实到最小控制单位的“1 件产品”就是产品序列号。电脑的产品序列号通常刻在机箱背面。

在订购生产等大型机械产业中，订购编号（生产编号）本身就是序列号的情况也很普遍。但是，不管订购生产、预计生产的分类如何，当产品体积较大、结构相对复杂时，就可能进行序列号管理。之所以特别用“复杂”一词修饰，是因为没有必要对一支铅笔、一块橡皮等结构简单的产品逐个标注序列号。

反之，从售后服务的立场来看，在修理、维护和应对质量索赔占重要位置的产品中，最理想的状态不仅是执行批量管理，还应尽量同时进行序列号管理。而且，可以说通过在生产阶段记录哪个序列号的产品用于哪一道工序，哪个设备，投入什么物料，由谁生产等信息，使售后服务应对的品质得到提升（图 9-2）。特别是零部件临时替代和设计变更频繁的产品，哪个序列号的产品由哪个 BOM 组成是信息的关键。

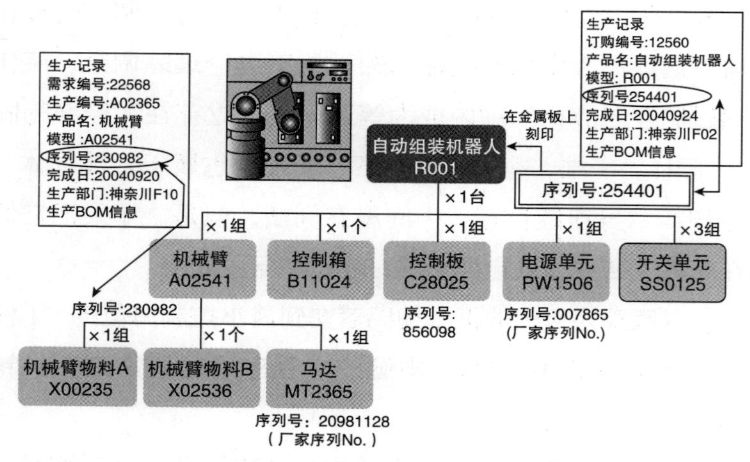

图 9-2　根据序列号进行追踪

顺便提一句，如果是航空机械的安防用的重要零部件的话，包括微小零件单位在内都应统一采用序列号管理。

送达顾客或零售商手中的产品批量编号和序列号不会按顺序递增，有时会返回之前的编号，这种现象被称为“批量逆转”或“序列逆转”。这种现象出现在物流过程中发出保管品时，未遵循先入先出（First In First Out）的顺序或同时进行多个流通渠道供应商品的情况中。

在重视食品新鲜度的 24 小时便利店中，一旦接到饮料厂或食品厂送来的批量逆转商品就退货的情况并不少见。电子信息机器也一样，从新鲜这一点而言它们属于超前行业，所以并不欢迎序列逆转的现象。关于这一点需要特别注意。

Q 掌握维修件的需求量吗

——维修件的需求量是什么？关于我们公司的机械产品零件，国内的惯例是拿到订单后从工厂发货；面向国外的产品有当地分公司或代理店的售后服务部，各处备有一定数量的库存件，还有一些客户在购买主体机械的同时会订购一些备件。必备件的种类和数量通常由我们公司负责推荐，这和您的问题不同吧？

你知道的维修件分为 2 类，一类是嵌入产品使用的维修件，另一类是直接发往客户或代理店的维修件。

还记得前面提到的独立需求和从属需求吗？“独立需求”与最终产品相似，是根据客户的要求来决定需求的，所以厂家是无法进行计算的。另一方面，“从属需求”与零部件和物料相似，只要确定最终产品的需求量，剩下的工作就是根据现有库存量和 BOM 的件数计算需求量。按照这个区别，零件需求原则上应该属于从属需求。

但是，有时维修件也直接发货，所以，它是一种具有独立需求和从属需求双重特征的零部件。维修件的需求量是从最终产品的需求到零部件展开的从属需求量和按配件直接发货的独立需求量的合计量（图 9-3）。

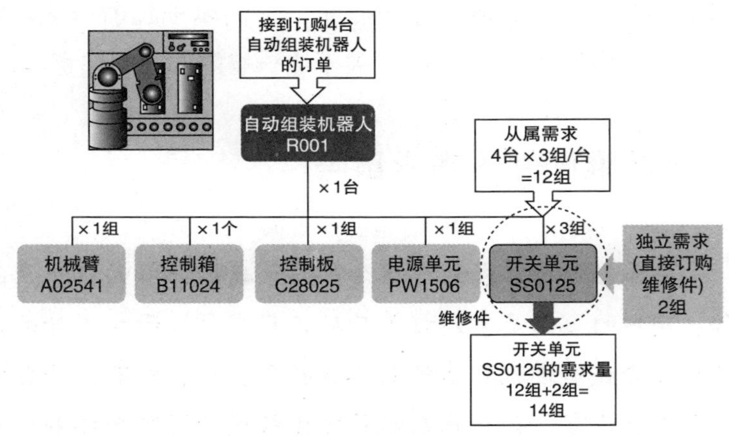

图 9-3 维修件的需求量

但是，当这样考虑时就出现一个问题：产品和零部件之间有无绝对意义上的区别？从送到顾客手中兑换金额这一点来看，最终产品和维修件没有区别。所以，如果采用在“产品主数据”中录入产品，在“零部件主数据”中录入零部件的方法来录入维修件就会出问题。也就是说，建议大家在“物料主数据”中同时录入产品和零部件，就是出于这个考虑。

此外，最终产品的需求通常由营销部在销售计划的基础上进行预测，但维修件的需求由哪个部门的谁来负责预测呢？ 这个问题大多悬而未决，并因此成为妨碍计划准确度的主要原因。 当售后服务部接到客户打来的紧急电话时，能立刻从工厂库存调集维修件发货还好，但因此会对生产带来一定影响。 售后服务部请求维修件发货时，需要对该件的库存是否为已预计的零件进行检查。 如果应对索赔紧急且需优先处理，不但要列出使用该维修件的产品（这时，BOM 的反向展开派上用场），还要对该件可能对生产日程产生的影响范围进行调查。

此外还需注意与此相关的问题，就是维修件发货时用的包装材料。 从物流的观点来讲，即使维修件按照产品处理，因为需要重复包装，所以也必须另行定义 BOM。

在 BOM 主数据中定义维修件的“层次”时，当该件为出货品时，层次就相当于 0；同时该件又用于产品，所以有时又在层次 1 之下。 如果按层次 0 是产品，层次 1 以上是零部件，这样进行逻辑组合的话就会产生矛盾，所以需要另外准备“是否为销售品”的识别标记。 此外，在订购生产的机械产业中，与机械主体相比维修件的利润率更高的现象时有发生。 这是因为设置廉价主体机械以赢得市场竞争，交付后再通过高昂的维修件回收利润，采用这一商战策略的企业增加的缘故。我们暂且不谈这种商业战术是否合理，机械主体价格低廉，维修件价格高昂，这样一来，在设置维修件的标准成本时需要特别注意。

Q　对退货和回收品的 BOM 进行管理吗

——因维修原因交给维修部处理的产品要等送来维修件进行修理后再交付。退货通常在维修部检查状态，按部分不良或全部不良进行分类。全部不良时废弃；部分不良时返厂，在工厂经过拆解取出能重新利用的零部件。再利用零件根据需要进行去污等再生处理，然后返回零部件库存。虽然不另行制作退货 BOM，但根据检查结果就能知道哪个零部件存在不良，剩下的是好件。当然，最终结果可以通过调查返回工厂库存的单据来了解……

在大多数行业中退货只是个别现象，怎样处理被退回的产品不会对库存造成什么影响，所以退货并不会引起重视，大多只从质量管理的角度出发来提交相关报告。

但是，按普遍现象对退货进行处理的行业也不少。我在物流一章中提过，委托销售中心的服装业、有再版制度的出版业等就是其例子。进一步讲，还有以旧换新制度的行业和因新近颁布的法规制度面临回收问题的汽车业和家电业等。

随着人类环保意识的逐步提高，在社会范围内要求将退货或回收品重新纳入供应链的呼声越来越高。此外，虽然不属于回收概念的范畴，像租赁、出租或变相的销售方式等业务正在不断增加，发货后用过的产品重新返厂，抽取其中能够重新利用零件的业务都呈现了增长态势。

在这些行业中，从退货、回收品中获取的零部件材料已经形成与库存整体相对的不容忽视的数量，所以，客观情况要求认真考虑这些 BOM。 虽然我们了解产品的 BOM 构成，但问题是退回的物品存在可用件和不可用件 2 种情况。

那么，首先让我们试着把这些退货按用途分成两类：一类能立刻作为产品再生；另一类只回收可重新利用的零部件。

前者适用于再销制度和委托销售制度的商品。 租赁品、冷却期（许多发达国家在《合同法》或《消费者权益保护法》中明确规定，经营者在出售消费品时，应当允许消费者出于个人原因将货物退给销售者，这种制度在法律上叫冷却期制度）内的某些销售等也应归入这个范畴。 从物流的观点来看，这些物品不返回工厂，而是在物流中心经过再生加工重新进入流通环节的情况比较普遍；就是说这些物品经过“再生加工”作业（工艺路线）成为产品，可以被视为一种原材料，是与商品相关的一种替代 BOM。

将什么进行再生加工根据商品的种类和属性而定，但通常是针对因流通或销售过程中的运输和处理导致商品受损、磨损、损耗等比较简单的劣化问题进行修复的作业。 只要除去最后物流加工阶段的包装、价格标签、带子和封皮等取出商品主体就完成了。因此，即使说是工艺路线，其作业也很简单。BOM 的层次由 1 层，最多不会超过 2 层构成。此外，与这些再生作业关联的新投入的物料也以辅料或消耗品类为中心。

另一方面，回收品应在设有分解处理工序的工厂进行。在组装加工类产品，特别是机械和家电产品等时，产品不可能全部分解至零件材料，分解过程中会进一步出现没用的零部件。这样一来，最理想的措施不是分解至零部件，而是在接近最终产品的状态下保管，仅根据需求补充不良件。当然，能否将其作为“新品”重新发货需要根据其产品种类决定，但作为替代品，还是能够充分利用其价值的。

或者，即使将产品分解成零部件，也需要进行判断，挑出寿命长的重要零部件，丢弃易耗品和生命周期短的零部件等。这时，设计部就要面对一个课题，怎样使这些回收利用更易实现并在此基础上开发设计。

但是，有的人以为有时分解工序只要反向展开生产 BOM 就可以，其实这是一种误解。分解处理是另外一种需要独立资源的工序，而且退货属于原材料，能重新利用的回收品应归入 BOM 的母项。

但是，这种被退回的产品 BOM 不应该原封不动地录入通常的 MRP。理由显而易见，退货和物料采购不同，不能计划分配。虽然退货量能在一定程度上根据经验“揣测”，但是通常不会按照该量制订供应计划。只有经过再生加工返回的库存才能计入供应计划。

但是，当退货的数量多，需要在产品供应计划中纳入再生加工时，有一种技巧。把再生加工置于产品 BOM 的最终工序中，将之前的项目作为虚拟件录入。此外，发生退货时，作为该虚拟件的库存量录入。这样一来，在 MRP 中首先处理虚拟件，在此基础上，将不足部分补入下层结构（即一般的生产工序）后进行计算就可以了（图 9-4）。

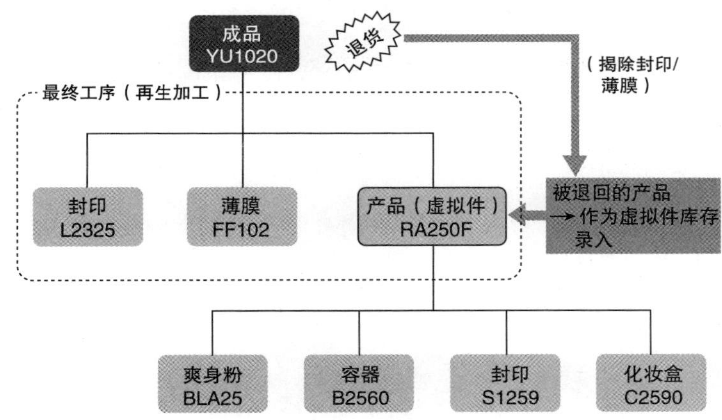

图 9-4　以退货、回收品的再利用为目的的虚拟件

此种情况下的 MRP 以拉动式生产为基础，由于退货的情况处于不可知状态，这并不适合以物料送达为起点来制订作业计划的推动式生产。MRP 能否符合今后的循环再利用的经济时代，可以说为我们留下了一个大课题。

第 10 章
用于设备维护的 BOM

Q　对生产装置和机器进行编码吗

——基本上各个生产装置都标有机器编号，依据该编号进行管理。从资产管理的观点来看也应特别管理每台机器，机器的序列号是构成机器编号的基础。

为了论述设备维护的 BOM，首先我们应该了解怎样掌握设备维护对象的生产装置和机器，也就是说，让我们来一起了解对它们进行编码的方法。

企业需要管理固定资产，一般做法是在装置、机器和备品等对象资产上标注识别编码后，用账簿管理。 这时，需要在某种特定的物理恒定状态下对对象进行管理，通常需要采用和装置、机器序列号相关的编码。 即使这种对具体物品标记的编码的规格不同，其目的也是明确的，可以认为是任何企业都会有的一种分类码。这种编码被称为“机器编号”。

其次，从制订和有效实施机器的维护计划方案这一管理的独立需求出发，还要对另一种编码体系——即与某装置相对的、构成该装置的功能场所（称为“功能位，Functional Position”）进行编码。在这里，赋予这种功能场所的编号被称为“标签编号（Tag）”。与具体机器上的“机器编号”相对，“标签编号”是对逻辑定义的功能场所进行编号。

关于怎样计划维护作业，怎样有效地实施维护活动，不仅需要“机器编号”，同时利用“标签编号”管理来实现的例子也很多。例如，为了实现预防维护、预测维护，在管理装置的运行时间和运转状况的同时还要分别管理装置的履历，这些管理可以通过标签编号和机器编号组合来实现。此外，通过使“标签编号”和“机器编号”相关联，能够使具体维护作业的决策更加顺利进行。

假设有一台泵设备，这台泵设备的“标签编号”是P-204-A，而且该泵设备中装有一台驱动设备发动机。该发动机本身有一个“机器编号”即PM2513。另外还有一台与这台发动机同型（同一模式编号）的PM2514发动机。

根据“标签编号”和“机器编号”间的关联，当接到泵设备P-204-A的驱动发生异常的报告时，就会发现分别有一台PM2513和一台PM2514发动机。通过了解每台发动机的状况，就能确定采取什么应对措施。例如，当PM2513

在运行过程中发生异常时，只要确认现在 PM2514 已经修理及调试完毕，正处于保管状态，就能立刻做出更换发动机的判断。

表 10-1 设备维护所需的编码

种类	机器编号	标签编号	模式编号	备件编号
特征	· 对各机器编码 · 和序列号一致 · 成为管理机器状况的单位 · 成为运转时间等历史信息管理的基础 · 成为固定资产的管理单位	· 以装置的功能为基础编码 · 进行逻辑定义 · 在工厂整体的流动机制和工程图上定义 · 构成机器规格（需求规格）定义的基础 · 制订维护计划方案的基础	· 装置、机器的供应商进行的编号（产品物料编码） · 供应商制作针对模式编号的机器 BOM 信息和操作手册等 · 向供应商进行咨询时的关键	· 对构成装置、机器的零部件编号 · 在供应商的机器图纸和 BOM 上定义 · 备件的库存和采购管理的关键

这个“标签编号”的构成，与维护措施或方式相关联，并依此被决定。通过规范该“标签编号”并明确与各个机器间的关系，才能确立维护业务的基础。

那么，让我们再进一步探讨。沿用前面的例子，如果 PM2514 发动机正处于修理过程中，当时无法使用，该怎么办？如果你是一个维护计划工程师，或许会询问泵设备或发动机厂能不能搞到一台替代发动机，但是，不管 P-204-A 的标签编号，还是 PM2513 的机器编号此时都可能存在不兼容的现象（当然，有时厂家也会管理客户的机器编号）。因此，就需要进一步用到厂家管理的“模式编号”。从供应链管理（SCM）的观点来看，用户必须和厂家使用通用的编码。

如上所述，从维护管理的角度而言，我们知道需要对“机器编号”、“标签编号”、“模式编号”等编码体系进行设定和管理，并在此基础上增加“配件编号”。应该如表10-1和图10-1所示的那样，对设备维护所需的编码进行整理。

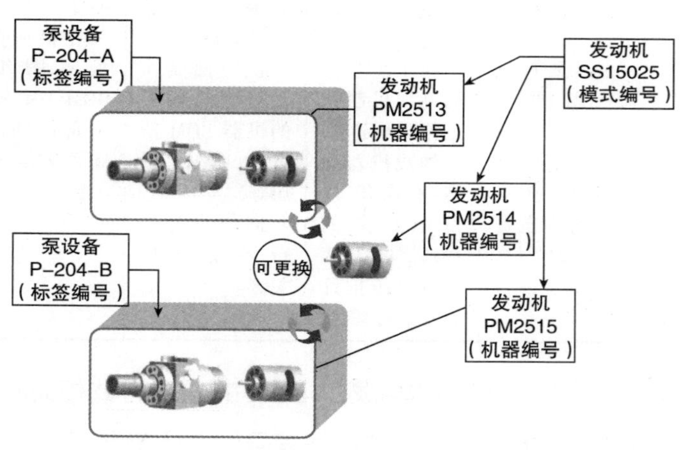

图 10-1　生产装置与机器编码的例子

Q　录入生产装置和机器的 BOM 吗

——各个生产装置和机器基本上都有供应商提供的维护操作指南。其中包括零部件构成信息、备件信息等内容。维

护部门通常在参照这个 BOM 的同时进行设备维护。

接下来，在上一节归纳的编码体系的基础上，让我们来了解设备维护 BOM 的特征。

到此为止，我们以 BOM 为主干，从生产、物流、销售等供应产品的立场出发，熟悉了相关内容，但是，关于设备维护则需要从使用厂商交付的装置、机器的立场，即从“对用户而言的 BOM”的角度出发来进行了解。

设备维护负责人以厂商提供的维护操作指南为基础开展日常维护工作，其操作指南中包括和装置、机器相关的 BOM 信息。BOM 对于了解维护对象——装置、机器的实质和具体内容来说非常重要。一般情况下，厂商在提供该装置和机器图纸的同时，还会提供一份内容为 BOM 信息的零部件构成表。这里所说的 BOM 与机器编号、模式编号及备件编号相关。

设备维护中还有一个问题就是较高次元的 BOM。这是一种将单台机器组合的整体视为一系列生产装置的观点，即把具有某种功能的装置作为母件，将组成该母件的单台机器作为其子件来构成 BOM 的观点。例如，如果把空压机当成一个母件装置，其组件除了空压机主体，还有驱动设备——发动机、贮气罐、电机、检测仪等，这些就构成了空压机的 BOM。这个 BOM 与机器编号和标签编号相关。

在这里，将前者称为“机器 BOM”，后者称为“资源 BOM”（生产装置在生产现场被视为“资源”），以示区别（图 10-2）。

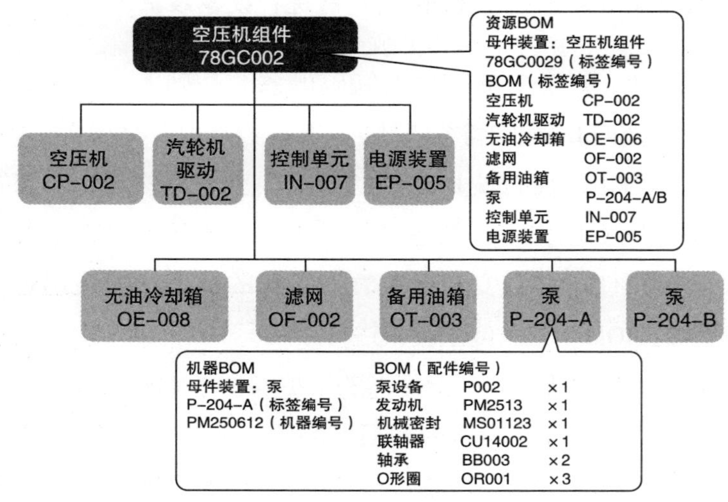

图 10-2 “机器 BOM”和“资源 BOM”

各 BOM 的用途如下所述。“机器 BOM”用于维修，比如在更换零件时参照，同时作为管理备件的基础也必不可少；在浏览图纸的同时察看 BOM 清单，还能了解对象机器的零部件构成、各零部件装入什么地方等。总之，“机器 BOM”的作用很重要，这一点不难想象。

反之，“资源 BOM”的作用就不太容易想象了。体现了由多组件构成装置的“资源 BOM”，在制订维护计划等时能大显身手。如前例所示，当维护空压机的驱动设备——发动机时，制订了在中止发动机运转的同时维护其他构成空压机机器的维护计划，比起掌握系统装置的整体状况来说，该计划更容易得到实行。此外，“资源 BOM”根据维护需求能设定各种切入点，还能设定电机、检测仪装置等各种类的集合（这与维护工作的负责部门的集合一致）。

进一步讲，在下述实例中，各机器和作为系统的装置之间的关系变得很重要。

让我们重新返回前一节提到的泵设备的例子。在标签编号 P-204-A 泵设备中使用的驱动设备是发动机 PM2513（机器编号）。在这里，怎样掌握这台泵的运行时间和发动机的运行时间，对制订维护计划非常重要。例如，假设发动机因状态不佳必须更换，于是，临时中断泵设备，卸除发动机 PM2513，用发动机 PM2514 替换。

在这里，如果在这种状态下重新投入运转，泵设备本身的运转时间延长，但不计入卸除的发动机 PM2513 的运转时间，而是计入更换后的发动机 PM2514 的运转时间。

表 10-2　对装置、机器的运转时间进行管理的例子

		5 月	6 月	7 月	8 月	9 月
泵设备（P-204-A）	运转时间	250	280	300	200	300
	累计运转时间	250	530	830	1030	1330
发动机（PM2513）	运转时间	250	150	0	100	300
	累计运转时间	250	400	400	500	800
发动机（PM2514）	运转时间	0	130	300	100	0
	累计运转时间	0	130	430	530	530
维护作业		-	更换 PM2513 →PM2514	-	更换 PM2514 →PM2513	-

这样一来，泵设备和发动机需分别准备与各自运转相关

的信息。为了控制这种关系，“资源 BOM”的思考方式是非常有利的（表 10-2）。

Q 备件有项目编码吗

——备件管理是一个令人头疼的问题。虽然采用项目编码管理，但在需要的时候，往往因为找不到备件而引发混乱。厂商如果能立即协助应对当然好办，但使用年限长的机器就有问题了。为了减少成本，不管配件的库存量、库存空间，还是人员，都要控制在最低限度，所以也没什么办法。

接下来，与“机器的 BOM”相关，我想就设备维护中任何环节都可能出现的问题——备件（备品零件）展开论述。

首先，我们需要确认备件是什么。“备件”是一种可更换、在机器运转同时消耗或即使不使用、经过一定时间发生磨损老化和功能下降的零部件。经过一定时间或累积运转时间，需定期更换的零部件也属于这一类。例如，泵设备和发动机等旋转机械上的轴承、泵轴、螺纹、密封等都是备件对象。

关于备件的定义想必大家没有异议了，但在具体情况下什么是备件，备件更换的频率如何，就不是一个简单的问题了。这些信息一般在厂家提供的维护操作手册中有相关规定，问题是厂家推荐的备件清单和更换日程是否合理。

厂家出于安全角度考虑，可能将更多零部件指定为需定期更换的备件（推荐的备件更换清单往往趋于膨胀）。此外，当遵循标准维护操作手册制订备件更换日程时，却会发生因实际运转环境严酷导致必备件更换滞后的情况。为了应对这种情况，用户工程师应认真负起责任，认真阅读厂家提供的操作手册和说明书，制作真实必需的备件清单和制订备件更换日程。为了进行上述作业，用户工程师需要阅读机器 BOM，也就是说，需要对照机器 BOM 和厂家制作的备件清单，进行确认有无必备件遗漏等的作业，这非常重要。

其次，为了保证备件库存适量，必须围绕怎样保存备件、存量应该多少等问题展开探讨。在这里，备件的物料编码就成为问题。

为了保证备件库存适量（减少），需要检查备件的 Interchangeability（互换性）。这是当有多台待维护机器时统一集中通用件进行管理的一种观点。例如，假设有 10 台机器，各需 1 个备件。该备件属于通用件，简单积累时需准备 10 个（1 个×10 台），但统一管理时，可能准备 5 个备件就够了（10 台机器同时发生故障的可能性很小，即使考虑采办期，5 个备件也够用）。据此制作统一的备件及数据表（表 10-3），构成一种矩阵式 BOM。

在这里，怎样找出通用件是一个很大的课题。假设从一个厂家采购所有机器，如果限定在该范围内，那么，统一管理备件的项目编码，以及在通用品上标注同一项目编码的可能性就更高。但是，如果供应商不同就不好办了。用户必须做出选择：或者以供应商制作的技术规格为基础找出通用

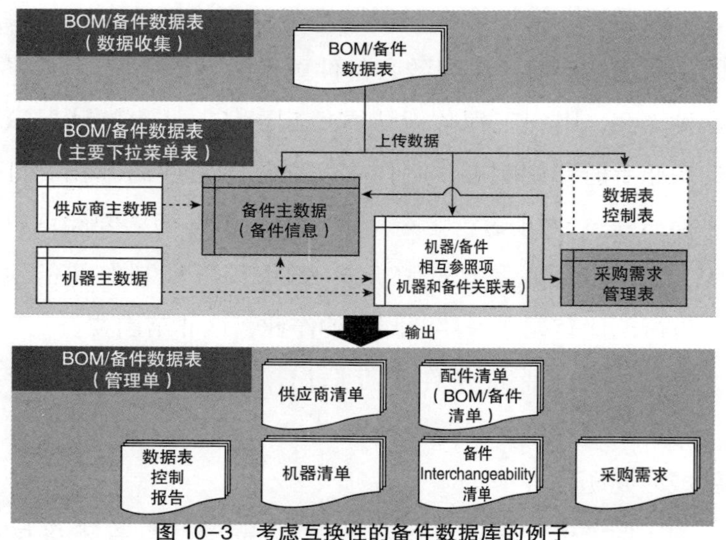

图 10-3　考虑互换性的备件数据库的例子

注：支持备件采购业务的数据库。根据供应商指定的机器清单、BOM 信息、备件信息的格式数据表（MS-Excel 基础），将这些信息读入数据库中进行集中汇总。在备件主数据中管理 BOM 和备件信息，备件和机器相关的信息在机器备件和相互参照项的下拉菜单表中进行管理。以这些表格的信息为基础，确定考虑 Interchangeability（互换性）的采购量。

件，或者干脆放弃。

为了解决这种现状，如前面“用于采购的 BOM”一章中所述，或者采用原厂的独立项目编码，或者采用业界规定的标准编码体系（轴承、填料等部分有配件），或者由用户方指定备件厂家后从该处购买使用等，可以考虑这几种和供应商协商解决的办法。

表 10-3 备件数据表范例（Spare Parts and interchangeability List）

No	Parts Number（备件 No）	Description of Parts（备件名称）	Masterist of Construction（材质）	Original Manufacturer（备件厂）
1	0908-03	Impeller	A351 CF8M	ABC Pumps
2	0908-07	Stud. Cover	A193 Gr. B8M	ABC Pumps
3	0908-071	Stud. Bearing. Husing	A193 Gr. B8M	ABC Pumps
4	0908-09	Flat Gasker	Fiber	ABC Pumps
5	0908-14	Hex. Nut. Cover	A194 Gr. B8M	ABC Pumps
6	0908-14. 1	Hex. Nut. Bearing. Housing	A194 Gr. B8M	ABC Pumps
7	0908-24	Shaft	A276 Ty. 316	ABC Pumps
8	0908-38	Wear Ring. Cover	A351 CF8M	ABC Pumps
9	0908-39	Wear Ring. Casing	A351 CF8M	ABC Pumps
10	3306	Ball. Bearing.	3306	SSS
11	54716-40	Constant Level Oiler	Steel + Therm	Drip Co. Ltd
12	6205ZZC3/2A	Ball. Bearing. N-End	6205ZZC3/2A	SSS
13	6306	Ball. Bearing.	6306	SSS
14	6306 ZZC3/2A	Ball. Bearing. Drive End	6306 ZZC3/2A	SSS
15	D-005-11-12	Cover Gasket	NBR	Tank Tech Co. Ltd
16	D-005-11-40	Bolts/Nuts for Cover（M16×60）	ASTM A193 B8M/A194 8M	Tank Tech Co. Ltd

(续表)

Item No. /Tag No.（机器序列/每台机器的使用数量）							Total Quantity of spare Parts in Service 合计使用数	Price (US $) per Part of set of Parts (Ex-work) 单价	Vendor Recommender Quantity 供应商推荐量	Order Quantity by Unit of Order 购买量	Total Price (US $) 总价	Store house stock Number 现有库存量
78P7811A	78P7811B	78P7811C	78P7811A	78P7811B	78P7811C	78P7811						
1	1	1					3	1700	0	1	1.700.00	0
4	4	4					12	1	2	1	1.00	1
6	6	6					18	1	2	1	1.00	1
1	1	1					3	40	1	1	40.00	0
6	6	6					18	0.5	2	2	1.00	0
4	4	4					12	0.5	2	2	1.00	0
1	1	1					3	1500	0	1	1.500.00	0
1	1	1					3	200	0	0	0.00	0
1	1	1					3	200	1	1	200.00	0
1	1	1					3	150	1	1	150.00	0
1	1	1					3	150	0	1	150.00	0
			1	1	1		3	150	1	1	150.00	0
1	1	1					3	150	1	1	150.00	0
			1	1	1		3	150	1	1	150.00	0
							3	150	1	1	150.00	0
						1	1	50	1	1	50.00	0
						8	8	1	1	1	1.00	0

Q 在 BOM 中录入设备工具吗

——设备工具由各维护负责人管理，不必特别录入 BOM，但对在整个企业内通用的重型机械设备工具等，需要制作预约表，进行日程管理。

我在前面的“用于计划和日程安排的 BOM”一章中已经提到过“资源”，同样的问题也出现在这里。比如在拆解机器时需要某种特殊的工具，只要没有这种工具，就无法更换备件。这时，无论准备多少备件都没有用。虽然我们可以将维护作业用的必备工具视为“资源”，但必须在兼顾必备“资源”特殊性的同时考虑怎样管理这些“资源”。如果在机器 BOM 中集中必备件构成信息，同时又能在 BOM 中对工具信息进行管理的话，这就成为了一个出发点。

管理设备工具等“资源”时，必须了解它们和备件等项目之间的区别。首先如前所述，“资源”即使使用也不会消耗掉。“资源”在作业过程中（维护作业中）被“占用”，一旦作业结束，就会“释放”并回归原始状态。此外，“资源”和库存及采购等补充概念没有直接关系。假设现有一定数量的同一种工具，虽然其个数、台数造成了问题，但一般也不会纳入库存管理的对象。进一步讲，工具除了用于某种特定用途的机器之外（实际上这种工具存在本身也包含着很大问题，但任何人都会注意到这种特殊物的存在，陷阱在意外的地方），还能用于维护任何一台机器或装置，可以说其互换性较高（例如有一种同尺寸螺钉，即使它们存在材质差异，通常也能用一个扳钳拧上）。

那么，我们对作为资源的设备工具应该注意什么呢?

首先，需要在维护用的机器 BOM 中增加工具信息。录入信息的方法暂且不管，至少应该知道与备件清单同列使用的工具是什么。第一步是全员一致认识工具的重要性，这样才能保证维护作业无遗漏和准备所需的物料清单。

其次，必须确认该工具的使用情况，即为检查备件的库存状况，确认重要设备工具的使用预约情况，对能否保证当前维护作业的情况进行检查。

实际上，在生产现场准确掌握这种信息并不难。例如，如果备件用于某作业时，了解该作业何时完成基本没问题。该备件若作为一种消耗品或者用于其他有效库存；无库存时，只要通过订购就能够制订计划。

与此相对，设备工具根据前工序的作业完成预测和次工序的作业日程而定。当前工序的作业结束时，如果资源尚未“释放”，就无法用于次工序作业。进一步讲，这些作业的完成时机只能根据生产现场把握，只是中途经过，想了解其完成的时机会比较困难。如果想切断这种依附关系，就需要准备设备工具（持有针对备件的安全库存）（图 10-7）。

对维护作业进行严格管理以什么程度为宜，应根据各企业的方针而定。例如，设备维护业务委托外包时，至少以半天或 1 天（通常为 1 小时）为单位对作业进行管理，这样的作

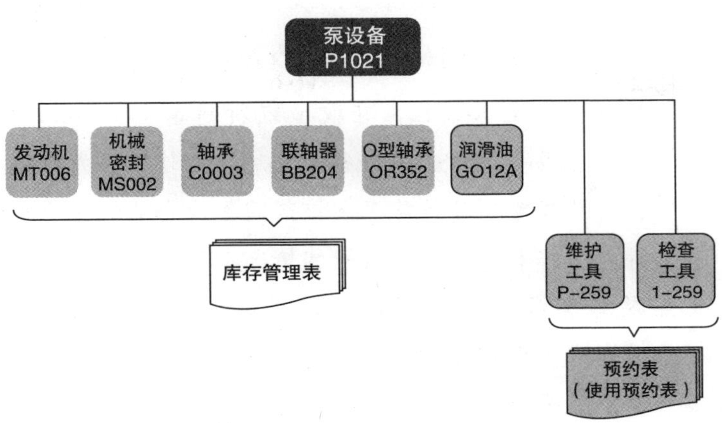

图 10-4 加入设备工具的 BOM 示意图

业进程管理非常重要。不仅设备工具，包括作业人员在内，连外包本身也可以被视为“资源”。可以说在维护业务外包趋势的推动下，今后这个讨论将变得更加重要。

专栏 5 工程公司的 BOM

到最后也无法确定的超大 BOM

工程公司是专门从事工厂设计和建筑的企业。主要设计具备复杂功能的工厂、采办多种机械设备和进行建筑施工。

大型企业的工厂中经常有一个称为“土木工程部”的组成部门。土木工程部在改造或新建本企业的工厂设备时主要负责设计必需设备、厂房；从外部筹办机械材料；订购和管理建筑施工。该部门作为企业的子公司独立存在，打着工程公司名号的情况也不少。此外，在造船及重型机械厂中还有一些不仅制造生产用机械，还承揽客户工厂建设的工程制造厂。在日本国内，这些没有特定总公司和制作工厂，被称为“专业工程公司”的大型企业有3家，其擅长领域是石油、天然气、化学和医药成套设备等，70%以上的承包项目面向国外。

工程公司一般被列入建筑业。日本国内工程承包的特殊之处在于一般会和建筑设计事务所分开建筑施工，而专业工程公司的特征是设计、采办、建设一条龙服务（取英语 Engineer-Procurement-Construction 的第一个字母简称“EPC”）。但是，我们可以把工程公司看成一种大型组装加工厂，把工厂看成一个大型机械装置。设计这种机械时，因为需要从国内外采办物料部件，在现场进行组装作业，所以也可以说这属于订购生产之一。工程公司本身不设工厂，长期在客户所在地实施组装加工。只有这一点与通常意义上的厂家不同，实质上是一种所有零件全部从外部采购，只进行最终组装加工的组装厂。

作为机械装置存在的工厂原则上全部采用单件订购生产，只有一点是没有同样的设备。即使设备的关键部分采用同一技术，但特征是因为原材料构成、工厂布局、气象等条件不同每一次都需要重新设计。

此外，构成 BOM 的零部件件数多是作为机械装置存在的工厂的另一特征（在工程业中将 Bill Of Material 略称为“B/M”的情况似乎较多）。根据工厂的规模大小，零件数有数万件到数十万件之多。这里所说的“零部件”，对各采购方厂家来讲当然是作为“产品”存在的机械（如空压机、锅炉和热交换机）。在一般人所说的化学冶炼厂中，机械装置、旋转机、电力装置、仪表控制装置等多种多样。仅订购方就超过 100 多家企业。

在此基础上，统称为“大宗物料”的需求量非常庞大，例如配管、阀门、电线、通信光缆、钢筋骨架台、混凝土等。仅配管和阀门两类，其材质、内径、壁厚、形状和结构等就超过 1 000 多种。有时，组装一套工厂设备就会需要这 1 000 多种零件。

这些物料需要从分布在世界范围内的供应商中挑选最符合所需品质，价格最低的一家（过去多选择日本厂家，现在据说国内的筹办比例已经下降到 3 成）。因此出现一种被称为“采办工程师”的职业，采办工程师负责和众多国外供应商交易。此外，把从供应商所在国发货的物料运往交付国也是他们的工作。

对工程公司而言与 BOM（B/M）相关的最大困扰就是：虽然必须筹备这么多种类和数量的物料，但因为工程设计是单件订购，不到最后很难确定物料的项目和数量。设计作业本身从基础设计到具体设计需耗时约 12 个月。主要机器早就定好了规格，只等按顺序订购即可，但问题是大宗物料。如果工厂的具体配置计划尚未确定三维设计，大宗物料的品种和数量也无法确定，而且这些大宗物料（特别是钢筋骨架、地基、铺设管道等）从组装施工开始就需要，尽管设计不到最后确定不下来。

为了克服这个困难需要付出种种努力。比如：

（1）设计阶段对 3D-CAD 系统的利用、物料数量估算（MTO）自动化、配管组装自动出图。

（2）采办阶段采用总订单（Blanket Order）（一种根据估算量签订单价合同的方式）、实施委外工程管理（Expediting）。

（3）建设阶段根据现场库存管理、预计处理和作业量指标（Bill Of Quantity = B/Q，工程量清单）管理进度。

随着近年来 IT 技术的发展，数量管理作业的繁杂和误差有所降低，但是，如果到最后仍不能确定超大 BOM，问题就得不到解决。

与此同时，还有一个疑问是物料编码体系。因为物料品种过于繁多、个别属性强，即使在企业内跨越多个项目设法统一物料编码体系，具体操作也并不容易。况且从制定行业标准编码体系到贯穿整个供应链使用，这些编码还需耗费很长的时间和努力克服重重障碍。

工程业与航空宇宙产业并驾齐驱，被称为项目管理方法最先进的行业，但其中心课题之一就是与这个 B/M 相关的物料管理。

第 11 章
用于成本管理的 BOM

Q BOM 用于成本计算吗

——是的。我们公司为了掌握各种产品的收益情况会计算个别资本的成本。因为在实际成本计算中必须统计各种产品的实际物料费，所以需要参照 BOM 进行累计。但是，我觉得问题是这里参照的是制造零件表（M-BOM）。因为用移动平均法计算工厂的零件购入价时需要参照生产现场使用的品名和物料编码，但这样一来就不好设定标准单价了。我觉得标准单价还是应该使用设计零件表（E-BOM）。

这里果然也有人为 E-BOM 和 M-BOM 的矛盾烦恼！ 那么，首先让我们一起围绕成本管理的目的和思考方式再进行一遍整理。

在制造业中必须履行制定作为通用会计（GAAP）的一部分的“制造成本报告”的义务。收益表中有一项“本期产品制造成本”，是成本报告的主要内容。本期产品制造成本按下述公式计算。

本期产品制造成本=本期总制造费-本期加工品库存

=本期总制造费+（初期加工品库存费用-末期加工品库存费用）

在此，为了计算制造成本，必须调查本期制造活动消耗的全部费用和加工品库存的增减情况。

掌握加工品库存的增减情况是工厂库存管理工作的环节之一。不管采用根据盘点情况计算总数量的方法，还是采用其中一部分在收支记录的基础上计算理论库存的方法，都能掌握数量。关于加工品的评价额稍后说明。

问题是掌握加工费。加工费在成本计算中分为下述 3 种（图 11-1）。

- **“材料费”（Material Cost）**
- **“劳务费”（Labor Costs）**
- **“经费”（Expense）**

关于该物料费的实际总额，可以通过本期外购金额的采购部订购验收记录获得。虽然首先将该额分配给各物料项目，但因采购单价随时间推移变动，所以需要进行物料费评估。评估标准以“总平均法”、“先入先出法”、“移动平均

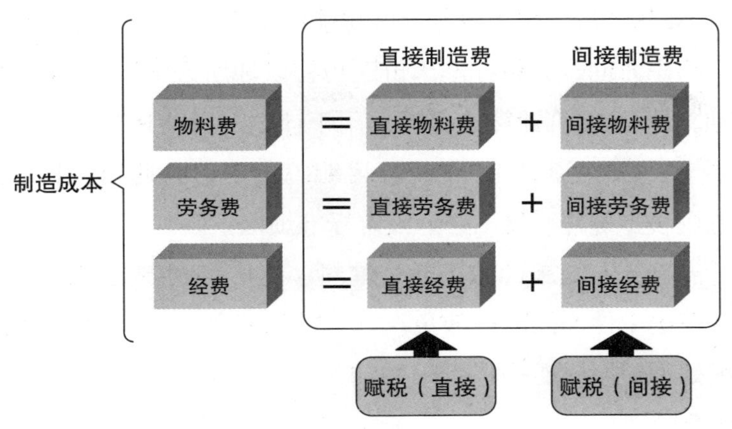

图 11-1　成本计算的结构

法”等为代表。

这样一来，就能按各物料项目确定实际单价。计算标准成本时，在参考采购实绩的基础上使用设定的标准单价。用这个标准单价乘以物料库支出的本期各项目数量就能算出物料费。该值现在用来统计各个产品，但统计时需要用到 BOM。

如果想正确计算实际单价，需要按各制造作业计算物料用量、良品率和损耗率，然后记录制造业绩，并在此基础上乘以单价进行费用计算。但在实际环境下，因各种情况往往难以进行到这一步。所以，在推动式生产工序中可参考支出 BOM 来进行计算。

如果按拉动式生产方式补充物料支出，批量编号（制造指令）和用量之间就失去关联。作为应对之策，这时需要用到制造指令上附带的 BOM。即使伴随制造指令会出现临时替换 BOM 的情况，采用这种方式也能算出相对正确的物料费。

另一方面，计算标准单价时也应以你所说的设计 BOM 为基础。标准单价计算的目的是用于计划，主要是支持迅速制定决策。如果设计 BOM 的项目编码和制造方通用，其准确度也进一步提升，就不必为设定标准烦恼了。

而且，人们常说的用途、辅料、工厂耗材等通常不能正确计算出单件产品的投放量。这些经费项目虽然按间接费用分配处理，但只要把它们一并纳入 BOM，就能用更高的准确度进行计算。

关于中间品和加工品，只要正确运用 BOM，就能作为项目录入。因此，从下位项目起采用制造成本卷积的形式，就能确定中间品的制造成本和评价额（成本卷积是通过产品的 BOM 组成结构和工艺路线及资源标准，分层滚算制造物料的标准生产成本的一个过程）。

Q 利用工艺路线进行成本计算吗

——不，因为到现在我们一直没有采用“工艺路线”方式，但是，机械设备属于经营资源，其折旧费分配到各产品中。这在经费中作为各部门的间接费用首先向制造部征收。接下来，虽然折旧费被分配到产品中，但是，因为无法获得各产品机械运转时间的正确实绩值，所以不能按时间方式计算，只能按价格方式利用直接劳务费的比例进行计算。但是，

因为间接费用整体占制造成本的 25%以上，现实的计算精度难以令人满意。我觉得还是作业标准成本计算（ABC）可能更合理……

计算单件成本的目的是正确掌握各产品的收益性、合理分配经营资源和重新估算销售价格。但是，近来物料成本占制造成本的比率不断减小，换句话讲，因为生产高附加值产品的比例增大，这本身就足以说明问题。

但是，因为这种现象，传统的成本核算方法与现状越来越不吻合。在今天的成本核算方法中，物料费和直接劳务费几乎占据制造成本全部，而且依然以过去劳务费计件付酬制时期的原理为基础。因为间接制造费用所占的份额太少，即使分配也不会对成本产生太大影响。

但在日本的制造业中，间接费用超过 3 成的情况并不罕见。特别在以研发为主体的行业，如电脑、电子信息机器和医药品等行业中该倾向更加明显。此外，尽管外购发展很快，但几乎所有的劳务费还是终身雇佣制员工的薪酬，实际上属于固定费用。如果用数量方式对这些薪酬进行机械分配，就会一步步偏离现实。

那么，如果想正确掌握这些成本因素，就要准确了解伴随生产过程的所有作业及活动，在此基础上获得其实绩值。实现这个目的的线索就是工艺路线主数据。

如前所述，工艺路线由多道作业构成，各作业使用很多资源。资源主要是机械设备、作业者和服务（有时增加模具等）。各作业中资源的使用量应以与工艺路线主数据关联的形式记录，所以，只要从产品追溯 BOM 主数据之后推测出工艺路线，再根据工艺路线计算在各作业中耗费的资源使用量即可。当然，如果能在制造业绩报告中记录各作业的资源使用实绩值就更好了（图 11–2）。

使这个计算更彻底和普及的方法是你刚才提到的“作业标准成本计算”（ABC = Activity Based Costing）。这种方法于 20 世纪 90 年代发端于美国。ABC 分析法在可能范围内将固定费用作为变动费用处理，并用于单件计算，涉及“作业中心”和“成本对象”两个概念。“成本对象”的典型代表是产品和服务，也可以是部门或顾客等。“作业中心”是利用制造资源，针对“成本对象”实施活动的主体。

但是，资源必须是一种能对计算出其用量的数值单位（称为“作业成本发生因素，Cost Drive”）进行明确定义的物质。资源的利用量根据“作业成本发生因素”统计各作业中心，而且作业中心会对计划其作业量的单位（作业发生因素）进行定义。因为以资源的使用量为基础才能算出与作业发生因素相等的金额，所以对于成本对象，只要统计相关作业中心的作业量即可，成本就是一种能够计算的结构。

因为 ABC 是一种逻辑很明确的方法，所以在 ERP 成本管理模式中获得广泛支持。但是，ABC 法在按变动费处理实际固定费以及分配中并无变化。如果硬行分配固定费用，结果必然需要在某环节中对无运转损耗进行修正。不仅如此，如

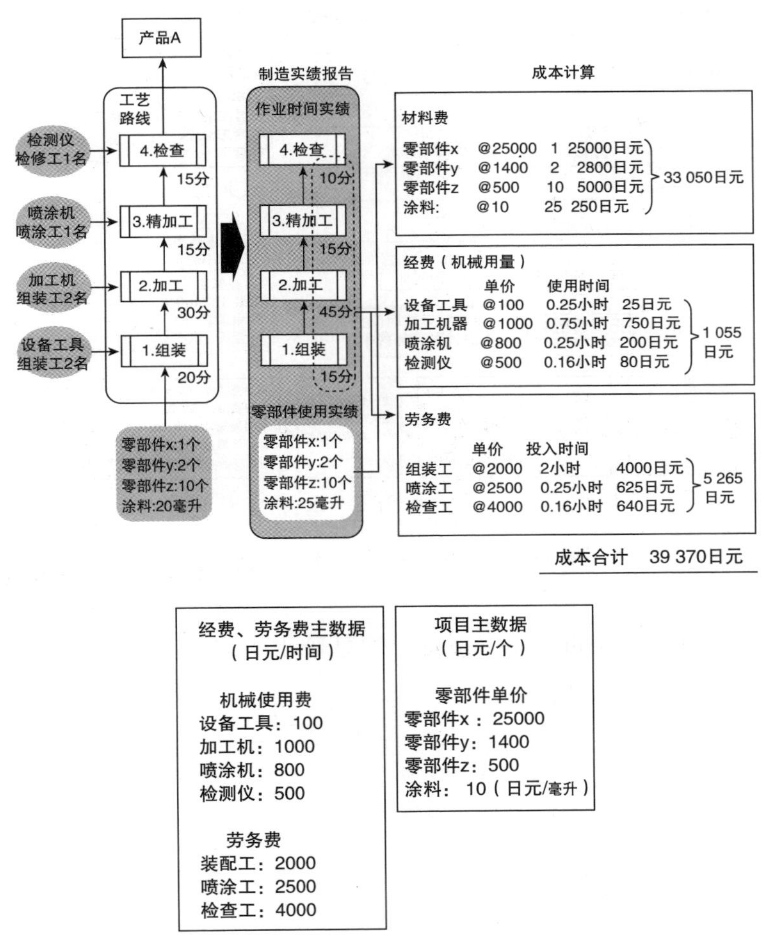

图 11-2 工艺路线主数据和资源的分配

果负责产品制造成本的部门和负责无运转损耗的部门分开，企业整体的资源分配就存在歪曲错误的危险（图 11-3）。

为了避免这些矛盾，应在理解以变动费为中心的产销率

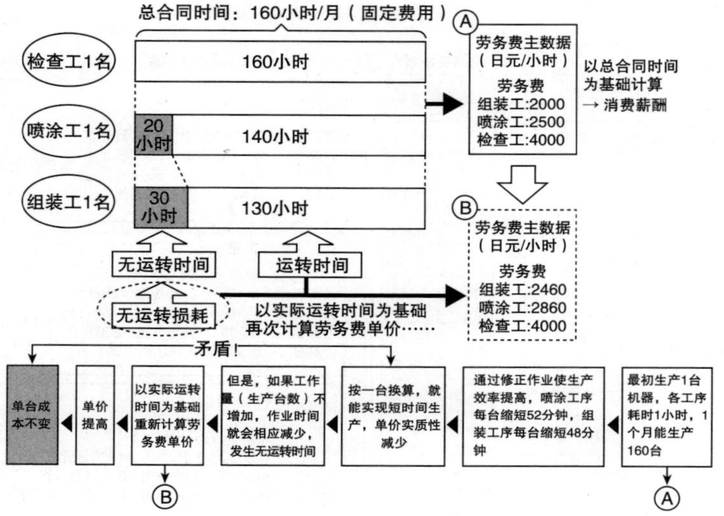

图 11-3 变动分配与无运转损耗的矛盾

计算（Throughput Accounting）的基础上，采用更合理的计算方法。

第 12 章
用于 BOM 的信息技术

独立 BOM 处理程序的必要性

那么，最后我想围绕信息技术部和 BOM 的关系进行阐述，但是这一次希望大家注意的重点不是“以信息技术为目的的 BOM”，而是“以 BOM 为目的的信息技术”。广义的 BOM 相当于制造业中的处理重要数据群的 DNA，其作用是使数据制造者和使用者之间能更加顺畅地沟通，而我想谈的就是这时应该注意的问题。

为此，请大家试着回忆本书开篇章节中提到的 4 个问题。

Q：贵公司配置 BOM 了吗？

Q：贵公司配置 BOM 的目的是什么？

Q：贵公司配置了几种 BOM？

Q：物料的定义究竟是什么？

这些是我想对负责数据监管的信息技术部成员提出的问题。

“好的，第一个问题的答案是‘yes’。我们部门配备 BOM 了，但是公司有多种 BOM，维护工作令人头疼。关于第二个问题，根据之前您的论述大家已经重新获得了认知，对于从产品设计到工序设计、生产计划、采购、库存管理、制造、物流、销售、售后服务、设备维护和成本管理等各个部门的工作，即对广义 BOM 的广泛应用有了清晰的认识。问题是您提的第 3 点——有几种 BOM，虽然在工作组中准备构建统一零件表的趋势—时间比较活跃，但之前必然需要统一零部件主数据。因此，实际情况往往如您所指出的会陷入僵局或者迷失方向。拿教授您的话来讲，狭义 BOM 至少应该有 3 种。1 个主数据、1 个指示历史数据和 1 个实绩历史数据。另一方面，项目主数据必须是 1 种。但是，我想直接问一下，BOM 主数据究竟应该配备几种？”

好！ 不过，请问你的住所有几间房间？

“哎？这和 BOM 有什么关系？”

你肯定曾经为选择住所犯愁过，是选择 2DK 户型、3DK 户型，还是选择 3LDK 户型呢？ 假设你的家庭是 1 个“BOM”容器，那么，你认为应该选择几个房间呢？

大多数人的想法是每人分配一间，大家可以按照各自的兴趣爱好布置房间，这个办法最简便。但是，这样一来房屋的售价肯定不菲，家人之间沟通起来也不方便，索性不如买一个大房间。然而，孩子睡着的时候，谁也没法看电视……

“……哈哈，您的意思我明白了。BOM 主数据的数量应该从简便和成本均衡的角度来考虑，对吗？”

你的洞察力不错。应该配置几种 BOM 主数据呢？这个问题没有确定的答案。各企业应该根据自身的实际情况来考虑答案。虽然 BOM 的数量越多，操作就更简便易行，但是，以提高统一性为目的的成本就会成几何数膨胀。所以，我建议 BOM 主数据的数量应从少量的原则出发。

“但是，这就出现了服务器的物理距离问题。我们公司的设计部和机械厂的距离还算近，但是和原材料事业部的距离就远了。这样一来，还是有必要分别建立服务器，而主数据的数量必然增加。当然，随着高速通信线路的发展，即使从相隔很远的地方也能访问我们公司的主机，但是……”

打断一下，似乎你的考虑不是基于数据运用，而是 IT 技术吧？

我在这里说的是数据目录的统一性，而不是数据文件物理距离远近的问题。假设总公司主机和工厂服务器各有一套物料主数据，“真正的”主数据是其中之一，那么只要另一方对照该数据同期运行，从逻辑角度来看就可以认为是同一类主数据（Entity）（图 12-1）。

过去，日本的房屋可以通过卸除拉门或拉窗，自由调节

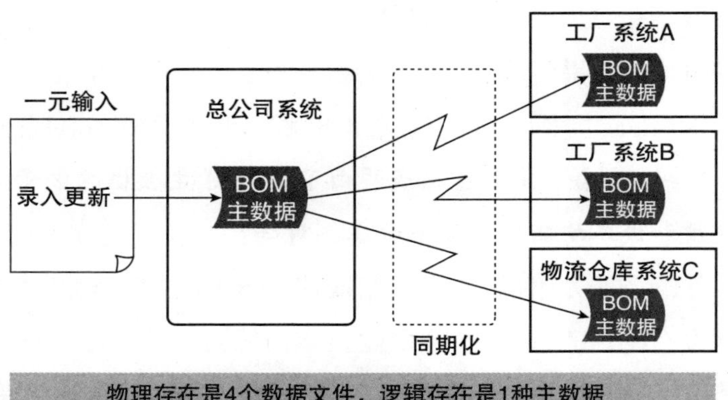

图 12-1　BOM 主数据的数量和种类

房间的数量。 我认为这是在地理狭长的国家低成本生活的智慧。 现在的 IT 技术，特别是关系型数据库的结构像西欧的房屋一样，各个房间采用独立的板壁隔开。 当随着企业成长需要改变数据库的运用时，就需要耗费成本而难以适应变化了。

“您谈的问题我很明白，就是系统变更工程，所以，应该在企业主干系统更换这一大工程的基础上相对应地进行 BOM 的统一。”

如果贵公司准备更换主干系统，为了与其保持一致需要重建物料管理结构时，你的判断的确很现实。 但是，这里有一个原则不能忘记，这就是数据比系统的寿命更长。 数据改革为主，系统更新为辅，这是不可逆的。

在 ERP 和 SCM 系统的导入项目中，最常见的问题几乎都是数据加载的工作。 无论在什么企业对这个问题的认识似乎都不足，具体操作只是把数据从旧系统转移到主数据而已。将 1~2 个月的线条引入日程表，匆匆对照后立即转入 BOM 的做法实在不合情理。 因此，失败的例子很多。

不仅如此，主机电脑的租约期间在先，为此或者计划导入 ERP，或者根据指示快速粗略地整理统一 BOM。 属性项目的设定只能配合软件草草了之。 这简直是本末倒置，因为主数据统一的最初目的和手段相颠倒了。

我个人强烈建议贵公司建立本企业独立的 BOM 程序，构建统一管理物料主数据和 BOM 主数据等技术标准信息。 对 CAD 系统、生产管理系统、MES 及成本等各系统争取主数据同步化。 当然，在生产管理或 MES 等个别系统中累积追踪 BOM 数据也是可以的。

如果在现有系统的基础上改革和重建 BOM，变更影响的范围将更广、更困难。 在 CAD 和生产管理等各自的功能系统的主数据中纳入全部信息本身就比较困难。 通过配置独立的 BOM 程序，反而使基础系统和 CAD 设计系统等的替换更加灵活。

作为生产的 DNA 存在的 BOM 主数据是最基础的信息，它的寿命远比特定的软件包更长久。

物料主数据的数据结构

“这一点我理解，但是，如果统一零部件主数据，各使用

部门的观点就会发生对立。这不会使传统的设计和生产成为二元化结构吧?”

把物料主数据分成多种的做法，就像用板壁分隔家里的房间结构一样，这种方式绝对不值得提倡。家的中央应该留出一个共享的生活空间，这个广阔的生活空间的名称就是 BOM 主数据。

企业部门之间意见不合的现象十分常见。这是因为各部门的主数据首先是为了加快本部门的工作而存在的，怎么会等待来自其他部门的反馈呢?

结果，在第四个问题（“物料的定义究竟是什么”）上耗费了时间。“物料的分类标准”因为各部门的业务文化，夸大一点说因为世界观不同而不同。为了相互磨合，与在各部门改善局部工作相比，在企业整体推进物料管理改革对任何人而言都是有益的，这一点希望大家充分认识。

“是啊！部门不同，零部件的分类标准和粒度也不同。”

2 个项目是同一种还是分别处理，你知道这个由什么决定吗? 这是根据“使用目的的关键属性是否不同”而定的。例如普通下水道配置的管子，其主要属性是管道的内径和厚度，材质用的是碳钢还是不锈钢，区别并不大。但是，如果是化学工厂使用的配管，就需要根据腐蚀性和温度等加以区别，因为在关键属性中加入了材质。

此外，假设操作面板用开关按钮的形状分为 2 种，颜色分为红、白、绿 3 色。这些是同一项目还是不同项目呢？从形状不同、安装位置不同的角度考虑，无疑它们属于不同项目。因为颜色通常代表不同意义，如果在本该安装红色按钮的位置安装白色按钮，一定会受到斥责。因此，全部按钮按形状和颜色应该分成 6 种物料。

“但是，如果这样做，零部件的种类就会无限制地增加，不是吗？这正是用户烦恼的根源。随着零部件的编码体系不断细化和复杂，编码似乎不久就会用尽。”

所以，物料编码应该采用简单的连续编号。只要持续使用有位阶区分的“有意义的编码”，统一商品编码就可以实现（图 12-2）。

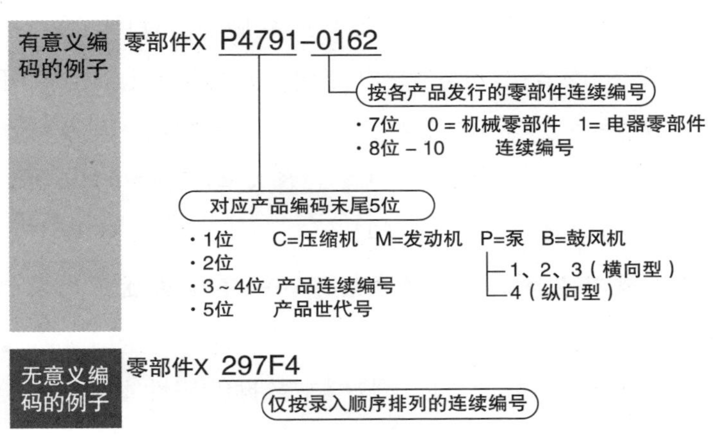

图 12-2 有意义的编码和无意义的编码

“那么，产品编码也同样改为连续编号吗？按教授您的说法，产品、零部件都是物料！”

对。但是，因为产品编码在顾客或代理店等很多外部机构中已经用过，所以，如果厂家按己方情况随意转换就会出问题。因此，产品编码应该从新产品开始一步步更换。

“这时，应录入项目主数据的属性项目会不会也无限增加呢？如果是配管就根据内径和厚度，如果是按钮就根据形状和颜色等。当把这些信息列入通用主数据时，就要分出内径、厚度、形状、颜色4个属性项目。如果加入发动机，就要进一步增加旋转数和耗电量2项。这样一来不就没有尽头了吗？如果按层次对零部件进行分类，根据各品种范畴决定属性项目即可，这样管理才能轻松明白得多……”

我并没有说放弃物料的层次分类，只是建议各部门不要根据层次分类随意标注“有意义的编码”。为什么？因为BOM层次的深度和广度会逐渐变化，分类标准也因部门不同而存在差异。如果用信息技术用语来讲，物料的层次分类就是树状结构，而且最理想的状态是像文件系统的代号那样从多重树状结构追溯到同一品种。

“这就有点挑战技术的意思了……不需要通用的属性项目吗？”

当然有很多通用属性。物料主数据的属性本来可以分为下面3类。

（1）基本属性：物料编号、名称、品种、是否为可售品、是否为采购品、能否生产、规格数编号、旧商品编码（数据移行用）等。

（2）技术属性：形状、材质、功能、品质条件等。这些是决定该物料“是什么”的信息，如前所述，它们可以进一步细分为颜色、旋转数、耗电量等。各品种应该具有不同的属性项目。此外，因为用户的个别需求也集中在这里，最好提前准备可以自由利用的扩张属性空间。

（3）供应属性：标准成本、标准周期、UOM、主要工艺路线、替代工艺路线、是否为保管品、SKU 编号、支出分类、最小批量、安全库存系数等。这些信息根据销售、采购、有无内制等进行取舍选择。

设计 BOM 处理程序中的物料主数据管理系统时，应注意妥善处理这些多属性项目，让用户方便浏览和输入（图 12-3）。

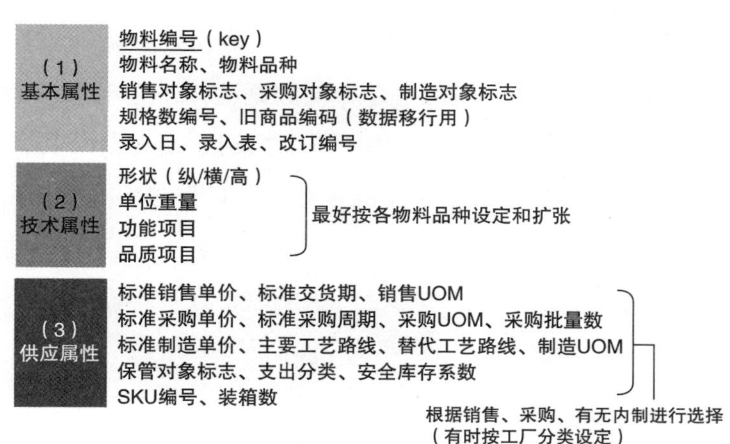

图 12-3 物料主数据的属性（范例）

“系统工程师前辈们经常告诫我多学习一些关于‘低阶

码'属性、单阶展开和作业链等专业用语。"

低阶码是吗？某种物料的"阶"是指从 BOM 的最终产品按顺序追溯至加工阶段时到达该物料的深度，也可以说是从最终产品开始的距离。同一物料用于多种产品时，就位于多个不同的"阶"上。低阶码是指某一物料在所有的产品结构中出现的最低阶次。这个值用于计算 MRP 的零部件展开，但与普通用户关系不大。

单阶展开和作业链等也是处理 MRP 展开计算时使用的词语。在计算机中，BOM 主数据原本以单阶展开方式持有数据。也就是说，在以母项编码和子项编码组为复合键的数据储存单位中存入主要工艺路线编码等信息。为了从上到下追溯 BOM 的树状结构，采用从母到子、从子到孙的单阶方式按顺序展开 BOM。

作业链（Activity Chain）是一种数据结构，它用来追溯所有 BOM 树状结构的分支。MRP 诞生之初还没有普及具备处理目录的程序语言，所以作业链等方法是必需的。

但时至今日，MRP 计算已经配备了很多生产管理组件，自己编程序的情况已经少之又少。所以，我觉得没有必要在此基础上进一步说明。

BOM 数据的构建过程

"明白了。那么，下面关于推动构建 BOM 的方法，希望

能得到您的一些建议。”

数据加载作业一般由 3 个任务构成。

（1）整理数据的编码体系和属性项目的“数据设计”。

（2）根据现有系统和现场票证等收集所需信息的“数据收集”。

（3）在新系统中录入收集信息的“数据录入”。

BOM 的重建应该遵循这个过程（图 12-4）。

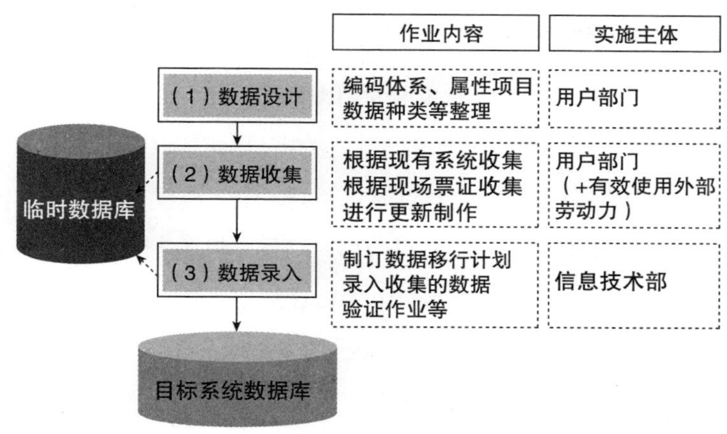

图 12-4　BOM 数据的构建过程

如果有一种能简单预计整体作业工时的方法当然最理想，但往往因行业、品种数、企业机制等因素而千差万别，没有一种能称为公式的方法，有的只是与项目数成比例关系的工时部分和不成比例的固定部分。即使这样，工序越长，矩阵式 BOM 就越复杂，作业也越耗时的情况绝对属实。

其中，作业量最大的是第（2）项的数据收集作业。这部分作业工时，多数情况下都存在预计不足或过小评价的问题。建议在最初收集阶段先提取 20～30 个项目为例进行尝试，以此把握工时的状况。

但是，最重要的还是第（1）项的数据设计。如果在生产线业务中不能充分构建数据运用，失败将不可避免。

一般常说的 SE（系统工程师）掌握主导权进行操作的只有第（3）项。第（1）、（2）项从始至终必须以用户部门为主体进行。

在数据设计阶段首先要查明 BOM 数据的运用蓝图和使用需求。关于这一点已经在前 12 章的授课中进行了阐述，请大家采用前面回答 57 个问题的形式，试着进行整理。

其次是确定广义 BOM 的构成。中心是物料主数据。在此基础上增加 BOM 主数据、BOM 指示历史数据、BOM 实绩历史数据、工艺路线主数据、作业主数据、资源主数据和物料采购信息主数据等。

关于物料主数据的属性项目，请在参考以上说明的基础上确定。查清基本属性、技术属性、供应属性 3 种信息。以贵公司为例，因为须加入现有设计零部件主数据、制造零部件主数据、产品主数据等全部数据，所以应特别注意。即使这样，应避免过分追求完美主义，请把构建 BOM 的目标时刻放在心上。

BOM 主数据最好从一个出发。这时，关于设计部独立运用的 3D-CAD 系统的 BOM 处理，从始至终它不是主数据，而应定位在探讨和模拟用的数据上。但是，物流 BOM 主数据和生产用 BOM 分开可能更好。因为在贵公司中，特别是原材料事业部的物流加工作业似乎比较多。

关于指示型 BOM 历史数据，在制造指令上所附带的 BOM 的保管场所应以一种为宜。但在贵公司中，产品选项和零部件模具之间的关系似乎在设计层面整理得不够彻底，所以，分别建立销售用订购 BOM 和制造指令 BOM，为时过早。

实绩 BOM 历史数据最好采用与制造指令历史对应的形式，这样一来，售后服务就能据此应对了。因为一般不存在已交付的产品被退货后再利用的情况，售后服务也不必另行构建 BOM。

工艺路线主数据、作业主数据、资源主数据、物料采购信息主数据都是必需的。

“明白了！”

下面是数据收集任务（图 12-5）。

对现有系统数据的处理是同时盘存，所以，使用相应工具，构建临时数据容器也是方法之一。但是，这个关系数据库（RDB）设计本身也可能限制数据整体的方向。

还有一种减少或避免错误的方法：就是对各主数据创建纸质单据记录。因为纸质的单据具有灵活性，因而只要在纸质单据上将整理好的各主数据的属性项目进行排列就可以了。该实例请参考笔者（佐藤）的个人网页（http://www2.odn.ne.jp/scheduling/）。

如果担心手动抄写错误率高，还可以采用从现有系统拷贝数据后填入单据相应位置的方法，但是，因为物料分类本身就改动过，所以请别忘记其局限性。

“数据收集作业按什么步骤进行呢？”

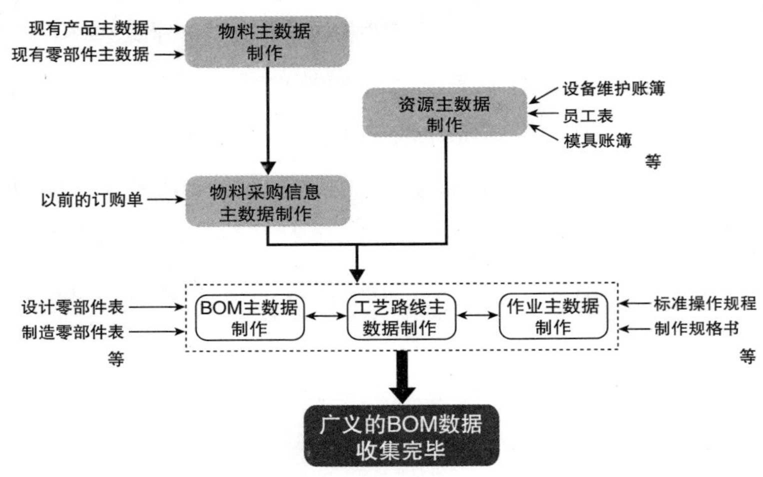

图 12-5　BOM 数据收集作业的流程

数据收集的顺序同样从收集物料主数据开始。

陈旧的产品主数据和零部件主数据中应该残留大量已经不用的项目和输入错误后清除的项目。此外，逐个排查数据项目值时一定会发现一些奇怪的数值。纠正和整理这些数据就是“收集”的重要任务，这种作业被称为“数据清理”。虽然数据清理作业非常重要，但实际执行的过程耗时且无聊。

所以，当数据量非常庞大时，可以考虑委托一些具备专业技能的专家来做，由他们完成最初的数据清理后再进行最后加工，这也是一个方法。

当物料主数据整理完毕后，接下来就是整理资源主数据了（因为 2 种数据互相独立，也可以并行处理）。资源主数据也能根据设备维护账簿和模具账簿等信息在整理的同时进行记账。

然后，根据以前的订购单对物料采购信息的主数据进行记账和收集，但前提条件是准确制作交易方主数据。

接下来，将逐步进入 BOM 主数据和工艺路线主数据。从物料主数据中选取 1 个项目，将该项目定义为制造工艺路线。列举该工艺路线中包含的作业、输入和输出物料，录入件数。同时规定各作业所需的资源和占用时间（作业时间）。

这部分信息在与多个主数据关联的同时录入，所以必须围绕各种单据展开作业，步骤非常繁杂。以贵公司为例替代工艺路线似乎较少，所以，BOM 和工艺路线录入表集中在一张上可能更好。有的企业因为工序简单，所以不分工艺路线和作业。请根据企业的具体状况使用单据。

物料属于事业部或产品系列的单位，从接近产品的位置开始逐渐降至零部件和原材料，其集合也按工序或作业区单位来收集更有效。如果在同一种产品系列中确定优先顺序，应从活动少的物料、BOM“成熟”的物料入手。因为录入作业中如有变更会导致二次返工，反之，新产品和发出设计变更通知的物料优先，而且即将变更的物料应等待录入作业，这也是出于避免二次返工的需要。

“最后的数据录入任务一定是在检查数据整体的统一性之后，批量录入目标系统，对吗?”

没错，这个环节是你擅长的领域，不必额外进行技术方面的补充了。无论重新制作独立BOM处理程序还是利用现有系统，这一点都是相同的。

但是，广义BOM数据从构建基础系统时起，应参照和利用各种信息系统，有时相关系统的软件也需要随之变更。

因此，我们有必要充分探讨数据的移行计划。

BOM构建的运行机制

“这个工作组是为了执行企业下达的物料管理改革项目组成的机构，但是，如果按您所说的方法实施BOM构建的过程，这种工作组的形式合适吗？我觉得有点不安。”

从某种意义上来讲，你觉得不安很正常。重点是贵公司是否把“物料管理改革项目”视为真正意义上的项目来考虑。

“项目”通常具备3个条件。

（1）对应该明确达成的目标物或终点进行定义。

（2）多人合作实施。

（3）伴随某种风险。

为了进行满足这些条件的工作，“项目小组”这样的组织是必需的。项目好比驶向目标地点的航海，项目小组成员就是坐在一条船上齐心协力实现目标的船员。

而且，项目小组中有一个人被任命为“项目经理”，所有判断最终由他（或她）负责决定。如果不这样，就会因为船夫太多，像登山一样困难，“领头人多反误事”。

委员会组织和工作小组不能朝项目执行的方向发展，就是因为统一决策困难的缘故。

“听教授这么说，企业下达给我们的‘物料管理改革’仅仅是一个设定的题目，目标物和终点都没有明确决定。只是经营决策层在关注基础系统更换和今后企业整体机构改革的基础上下达的指示。那么，用项目称呼是否合适，我觉得越来越没有自信了。”

但是，大家在讨论过程中已经注意到 BOM 的重建是关键，这一点非常重要。BOM 重建是一个很明确的目标，所以，把构建 BOM 称为“项目”是符合实际的。

在本章开始我已经谈到：贯穿 BOM 的物料管理改革，按照构建 BOM →BOM 分析和提取课题→物料流程改革的顺序进行。大家的项目是执行其第一阶段，项目的上位概念称为“程序”，下位概念称为“任务”，在这层意义上应该把“物料管理改革”作为程序处理。

“那么，这个工作组必须改为项目组编制吧？”

是的，不过之前还有一些工作要做。这就是指定项目经理（PM）和赞助人。

“这个赞助人是什么？”

赞助人有时也被称为“项目业主”，这个人是企业的董事层，是负责储备项目经理和预算的人。项目经理从他手中接管预算的执行权。

“那么，我们应该在董事会上提出申请建立筹划指导委员会。”

这虽是你个人的提议，但我认为这是个聪明的办法，只是，最好以个人名义指定赞助人。当项目经理举棋不定时，必须有一个能立即下指示的人。这个人脑海里有引导推进项目的构思，当各相关部门之间发生利害冲突时，他必须能够做出最终调整和裁决。

“这只是我个人的意见，但老实说，我们公司没有这种具备超凡能力的董事。本次的议题（物料管理改革）是负责生产的常务下达的指示，他是一个有前瞻性的人，但只是生产负责人，涉及企业经营和财务之间的调整时，还是公司董事长说了算。”

明白了。我谈的是理想，然而很多呈纵向组织结构的日本制造业公司，甚至欧美公司都很难朝理想方向发展。企业经营顾问经常把从上向下（Top Down）的领导地位等问题挂在嘴边，但是我们知道，在日本企业中，当领导说向右转时，现场整体就向右倒。因此现实状况远没有那么简单。

构建 BOM 就是一种跨越多个部门的“跨功能（Cross Functional）”性工作。设置跨功能的项目组，为了使它充分发挥作用就需要相应的能力和做法。我们应该向成功企业学习这些东西。

首先，请向负责生产的常务提出申请，请求他哪怕只担任名义“项目赞助人”，然后请他担任指导委员会的项目推进人，部门之间的意见对立由他最终裁夺和调整。如果行不通，就上交董事会。努力使这样的决策过程透明化，避免有人从旁干预和拖延项目。

其次，申请任命项目经理和项目经理助理。这 2 个人基本上需要花百分之百的精力投入这项工作。此外，核心项目组的成员需从相关的多个部门选拔，这些人 50%的时间要放在这个项目上。

这一步完成后，接下来是确定“项目宪章”。作为一个方案，这个宪章的定位不是抽象的论调或华美的词语，而是遵循和企业之间订定的合同。

“和企业间的合同？”

对。为了完成经营决策层下达的目标，项目组要宣布自身的义务。与此同时，还要以明文规定的形式列出对企业的权利和义务关系，即为达成目的、把企业对项目组的支持和协助以具有约束力的条款确定下来。

企业的支持有物质和精神两方面，具体地讲是确定预算和权限。可效法承包合同，在项目宪章中列入这些内容。

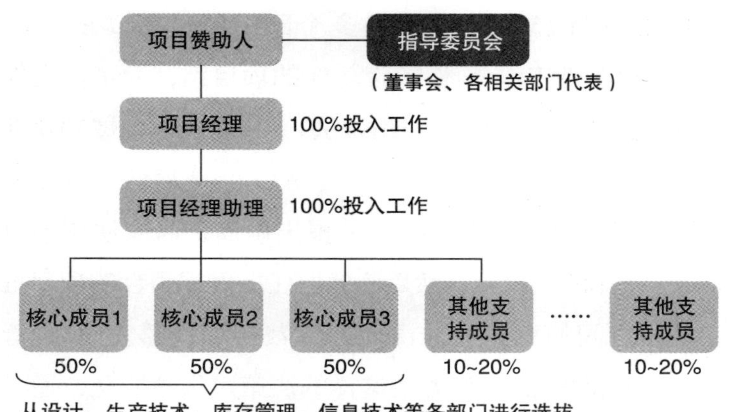

图 12-6　BOM 构建项目的组织（范例）

“这个和企业签订的合同，这真是前所未闻。”

项目组织大致分为两类，一类是职能部门小组，另一类是跨功能小组。

在前者中，项目经理同时也是上司，其对部下具有绝对的职务任免权。这种组织形式多见于土木工程所和软件服务站等承包行业。设计部内的产品开发小组也同样。在这里，对项目经理的判断具有发言权的只有直属上司一人。

另一方面，在跨功能小组中，小组成员的上司不仅有项目经理，还有他们原来所属部门的负责人。项目经理只是把他们暂时借调过来，所以各部门的上级负责人容易对项目从旁干涉。与项目的目标相比，有时部门的利益可能会出现在前面。合同性项目宪章对这种状况能有效发挥事前预防与控制的作用。

其实还有一种方法，就是项目经理对由他担任负责人的部门采取临时吸收合并其他相关部门的方法。而且作为职能部门内小组进行项目的运作，职能结束后部门分离。这种方式需要相当的技巧和能力，但也有企业采用这种方式推动改革。

“真了不起！我们虽然无法达到那种程度，但我觉得可以尝试构建 BOM 指导委员会。”

那样再好不过。

说到“物料管理改革”这个议题的理想，我认为应该在企业中建立物料经理编制。从物料的观点来讲，这个职务有助于横向操控设计、制造、采办、物流、销售等各职能部门，是一种实现最佳操作流程的上层管理职务。

在物料经理之下设置物料控制员。这个职务如前所述，是一种在生产线业务中监控管理库存，调整与各部门相关的物料，促进企业内部供应链顺利运作的能够从事实际业务的人。广义 BOM 的主数据应在其管理之下（图 12-7）。

欧美企业中还设有一种被称为“物流经理”的职位，有时该职位不仅管理物流，还负责生产和采购下面的工作。物料经理的管辖范围虽然不涉及人员和设备资源等，但可以认为是一种与“物料经理”近似的职位。

“这种物料经理和物料控制员的职务，什么部门的人适合担任呢？”

适合的人选，你是问这个吗？只要有志向，积累了丰富的经验，任何人都适合。具备库存管理和设计能力，特别有

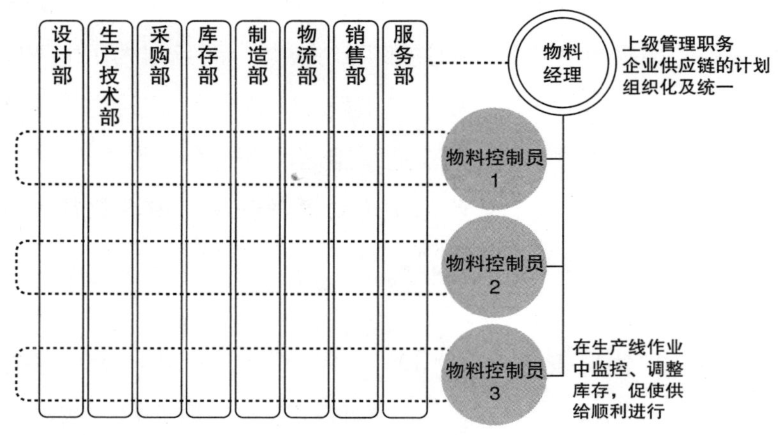

图 12-7　物料经理和物料控制员的职能

工程设计能力的人最好。但是这些都不是必备条件，与这些条件相比，如果能具备对业务流程的综合理解力更重要。总之，不管在哪所大学都没有设物料管理学这个专门学科。物料管理和理科、文科都没有关系。怎么样，你愿意尝试一下吗？

“我？我是信息系统部的人啊！”

所以，我才敢推荐你。至少你对公司的业务流程比较熟悉，具备对 BOM 问题的认知。我觉得你完全有这个资格。

不，我没有开玩笑的意思。你认为在制造业中信息系统部的职能今后会怎么样？在系统开发和运用都倾向于外包的今天，信息系统部应该在工厂中干什么？我认为只从事系统开发企划和外购管理还不够。

在一些先进的流通性企业中，有时下设的部门不是信息系统部，而是业务系统部。 这是一种认为工作对象是业务过程设计及运用的观点。 此外，还有一些企业准备筹建数据管理部。 不是对电脑系统的结构，而是对怎样维护数据内容的部门指导委员会重新作出定义。

从这些立场出发，我认为信息系统工程师致力于实现“BOM 重建”这一作为生产活动核心的数据内容的工作，既不是飞跃，也并非不合时宜。 应该说这正是了解“信息”和“系统”的工程师活跃的舞台。

BOM 的构建和维护绝不是什么在幕后默默奉献的工作，而是支持制造业、担负中心使命的重要职业。 衷心祝愿它能被人们广泛认可的一天早日到来。

附录
BOM 分析

引言

到这里，本书从物料管理的观点出发对 BOM 的重要性和 BOM 信息的配置方法进行了论述。 接下来，将以 BOM 分析为题，在抽样数据的基础上探讨灵活运用 BOM 数据的分析方法。 通过以 BOM 为基础分析数据，揭示怎样围绕物料管理的课题进行探讨。

第 4 章阐述了将 BOM 作为信息共享集线器有效利用的问题（表 4-2）。 让我们进一步深入这种观点看一看 BOM 的分析实例。 通过以 BOM 为单位对信息进行整理，可以把一条工艺路线中展开的零部件和物料视为一组，而且，既能理解各零部件和物料在 BOM 中占据的位置，也能发现物料管理中的课题和制定的对策方案。

下面，让我们马上以一个日用品杂货的 BOM 为例说明，特别以库存问题为中心，分析相关的 BOM 信息。

请看表 1。 这里正在整理成品 1005-001 最终加工包装工序的 BOM 信息。 该成品是计划生产的对象，是一种库存型生产项目。

首先，虽然是生产信息，但对使用该 BOM 工序中的最小生产批量数目、生产实绩、生产预定、月平均产量等进行整理。 BOM 的基本信息选取构成 BOM 的零部件及物料名、使用件数、各零部件及物料的项目主数据信息。 关于周期，采购品计算采购周期，制造品计算制造周期。 关于安全库存，为了能和 BOM 中的安全库存量进行比较，计算设定的安全库存量相当于成品的多少比例（称为“可能安全库存产量”）。

接下来是库存信息。 这些是追踪信息，所以和主信息不同，每天都会发生变化。 这里也一样，从分析的必要性出发计算 2 个指标。 第一，计算与总库存量（在实际库存上增加订购余量/生产预定的库存）相对的未预计存货量的比例（称为“剩余库存率”）。

第二，根据安全库存和未预计存货量之间的差异计算应确保多少安全库存（称为“安全库存确保率”）。

剩下的信息就是成本信息和总库存金额。 成本信息包括以零部件、材料的单价为基础，计算根据件数得出的各物料的生产成本和在此基础上计算的成本构成比。

关于总库存金额，在实际库存中增加订购余量和生产预定量，在该库存量的基础上进行计算。

让我们进一步对这些数据展开分析。

表 1　成品 1005-001 的 BOM 信息

生产信息

	产品
	1005-001
	（个）
	最小生产批量
	500
	上月生产实绩
w	6000
x	7500
	中期生产预定（3个月）
y	18000
	月平均产量（w+x+y）÷5
z	6300

BOM 基本信息

	a						b	c	h= c/a xUOM 换算
项目	件数	生产分类	生产UOM	可能供应商数	周期（日）	采购库存UOM	订购（生产）最小批量	安全库存	安全库存可能产量
内容物 1	10	生产	g	0	10	kg	10	10	10000.0
内容物 2	10	生产	g	0	10	kg	10	10	10000.0
内容物 3	10	生产	g	0	15	kg	10	15	1500.0
包装盒	1	采购	pc	1	40	pc	10000	6000	6000.0
附件	1	采购	pc	3	20	pc	1000	4000	4000.0
外包装盒	1	外购	pc	1	15	pc	1000	4000	4000.0
包装材料 1	20	采购	cm	3	10	m	20	500	2500.0
包装材料 2	15	采购	cm	4	10	m	20	300	2000.0
封印	1	采购	pc	2	20	pc	5000	4000	4000.0

（续表）

库存信息　d　e　f　$i=d+e-f$　$j=i/(d+e)$　$k=i-c$　$l=k/c$

项目	库存量	订购余量/生产预定	已预计量	总未预计量	剩余库存率（%）	安全库存差异	安全库存确保率%
内容物 1	20	10	7.5	22.5	75	12.5	125%
内容物 2	40	15	7.5	47.5	86	37.5	375
内容物 3	35	10	7.5	37.5	83	22.5	150
包装盒	8000	10000	7500	10500	58	4500	75
附件	7800	5000	7500	5300	41	1300	33
外包装盒	5000	7000	7500	4500	38	500	13
包装材料 1	1000	1200	1500	700	32	200	40
包装材料 2	1500	0	1125	375	25	75	25
封印	6500	5000	7500	4000	35	0	0

成本信息　g　$m=ag$　$n=m/o$　$P=(d+e)g$

项目	单价（￥）/生产 UOM	按物料分类的生产成本	成本构成比（%）	总库存金额（￥）
内容物 1	20	200	12.3	600 00
内容物 2	20	200	12.3	110 000 0
内容物 3	40	400	24.6	180 000 0
包装盒	700	700	43.1	126 000 00
附件	50	50	3.1	640 000
外包装盒	15	15	0.9	180 000
包装材料 1	2	40	2.5	440 000
包装材料 2	1	15	0.9	150 000
封印	5	5	0.3	575 00

成本合计　1625 日元（o）

Q1 能确保安全库存吗

首先，让我们从简单的地方入手确认主数据中设定的安全库存是否有保证，请参考图 1。该图描述的是安全库存确保率，如果该值为 0%，说明设置的安全库存量和同量的未预计存货量能够确保；如果该值为负，表示低于安全库存；如果该值为正，表示高于安全库存。关于安全库存确保率和周期的关系，特别是周期长的项目，低于安全库存时说明容易陷入严重事态，需要特别注意（反之周期长的部分，可以认为时间充裕，属于能进行调整的情况，总之根据周期的设置而定）。

以该图为例，所有项目的安全库存确保率都在 0%以上，所以不存在安全库存不足的情况。但是，内容物均在 100%以上（内容物 2 为 375%），大大超过安全库存量，由此可知存在库存过剩。可以说在该例中，虽然通过安全库存对采购品的控制做得比较好，但对内容物的大宗生产工序未起到控制效果。

Q2 设置的安全库存量是否合理

接下来，让我们在 BOM 的基础上试着验证设置的安全库存量是否正确。图 2 的横轴为周期，纵轴为可能安全库存产量，在图上绘制 BOM 清单中的零部件和物料。一般情况下，周期长的项目应持有更多安全库存量，周期和可能安全库存

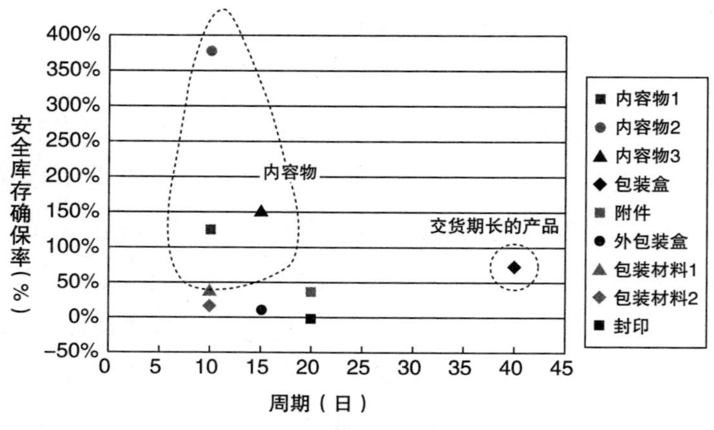

图 1　安全库存确保率和周期

产量之间成比例关系。在此，以原点为起点引出一条向右上方延伸的直线（假设该直线为“安全库存直线”）。请注意直线 *A*，这条线在周期 30 天的位置通过可能安全库存产量 6300 个的点。这条线表示即使在现时点加入相当于一个月的生产预定量（6300 个）的追加订单，也能确保继续生产的未预计库存是安全库存。绘制直线 *B* 时按照在周期 30 天的位置通过可能安全库存产量 3150 个，即一个月预计产量的一半数量的点引出线条。周期因零件、物料不同，通过观察周期处于该直线的上方还是下方，就能了解设定的安全库存水平（这里引出的线条是安全库存直线，但从数学角度严谨考虑，就是在第 5 章论述的调整库存量计算公式“调整库存量 = 计划误差率 × 安全系数 × $\sqrt{（LT）}$”的基础上计算其倾斜度，在这个分析中已将其过程简单化，仅根据直觉描绘几条

直线）。

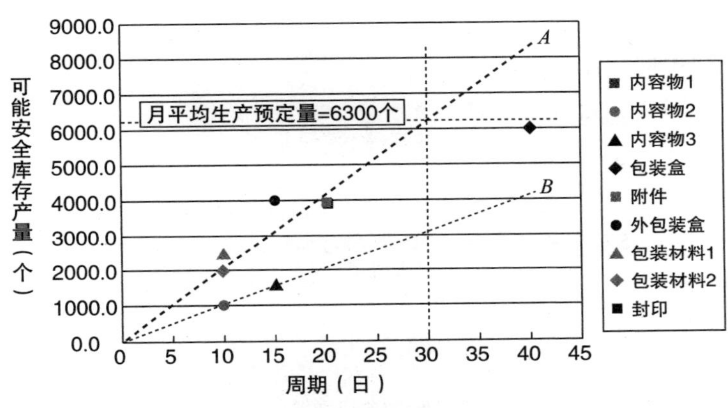

图 2　可能安全库存产量和周期

此外，通过在同一个图表上绘制 BOM 的零件、物料能确认项目间的平衡。当以某种合理的倾斜度引出一条安全库存直线时，该直线上的各项目最为理想。如果从安全库存直线到各项目的绘制点距离之间存在偏差，就说明安全库存量的设定逻辑可能不合理。例如，高于设定直线的项目说明安全库存过剩（因为只要 BOM 上的各零件、物料未全部配齐，生产就不能结束，最后除了对照库存量最少的项目生产之外没有其他方法）。

这里希望大家注意通用件的问题。在这个例子中设想各零件及物料只用于某种特定成品的生产，但项目不同时，它们应该能用于多种产品。即使在此例中，因为成品不同 BOM 的特性各异，所以按各 BOM 分解和分析的视点不可缺少。应该根据各成品（BOM）在分解、计算安全库存量后统计整体。如果利用图表对决定安全库存量的步骤进行整理的话，就是图 3 所示的内容。

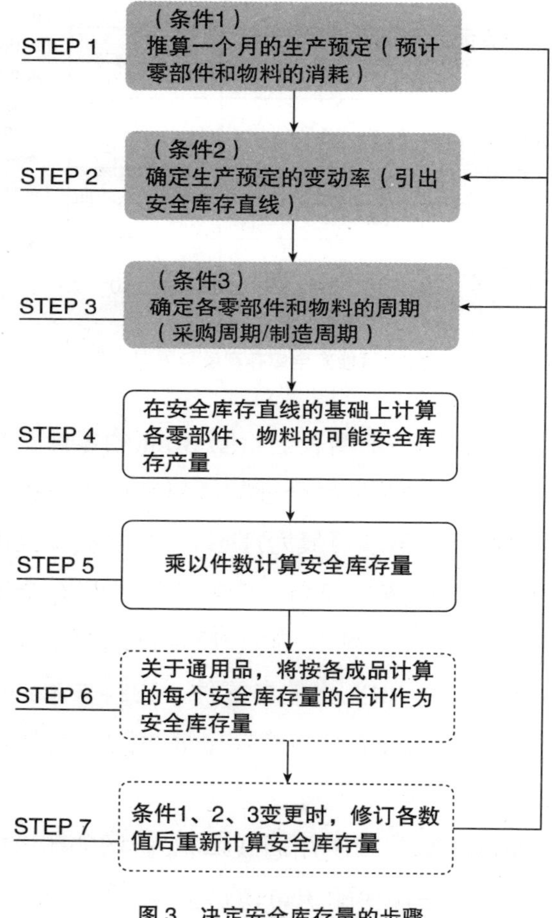

图 3　决定安全库存量的步骤

以上述内容为前提，让我们一起看看例图。从图中可知，除了包装箱，采购品大致分布在直线 A 的周围，内容物

分布在直线 B 的周围。从发生这种分布偏离可以推测采购品和内制的内容物之间存在安全库存量设定的逻辑偏差。如果采购部和生产部分别设置本部门的安全库存量，就可能出现部门间思考方式的差异。采购部还会影响和订购方之间的关系。在以缩短周期为目标设定接近承受限度的交货期时，作为万一无法遵守交货期的退路，我想提高安全库存量的设定标准也是可行的。可以从确保整体较高的安全库存量标准推断这是一种生产预定变动大的产品。

Q3 从制造成本看零部件和物料的定位

接下来让我们看一看制造成本。关于 BOM 中列出的零部件和物料的成本比（占物料费的比例）可以参照图 4 进行分析。通过此图可以简单了解哪一种零件和物料在成本管理上更重要。

观察例图，在单一成分中，包装箱所占的比例是 43%，最高；其次是内容物 3、内容物 1、内容物 2，合计约占 50%；其他购件合计约占 7%，对成本的影响较小。

但是，通过该图，即使知道成本管理中的重要零件是什么，用于推动进一步探讨的信息还是不足。因此，需要进一步绘制图 5。在该图中，横轴是可能提供货品的供应商数，纵轴是周期，圆的面积表示成本构成比。通过该图就能读取各零件和物料的状况。

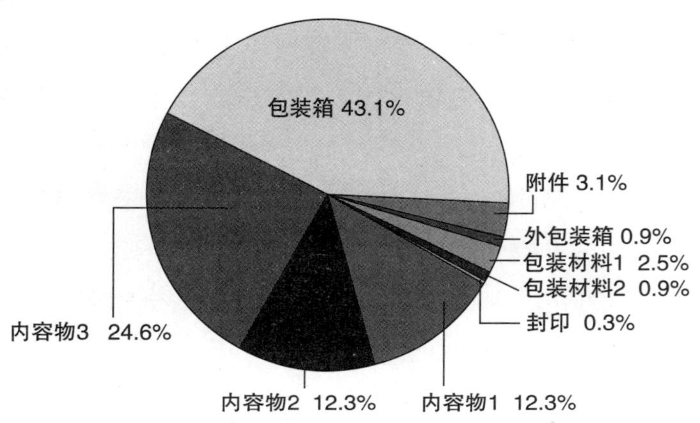

图 4　制造成本构成比率

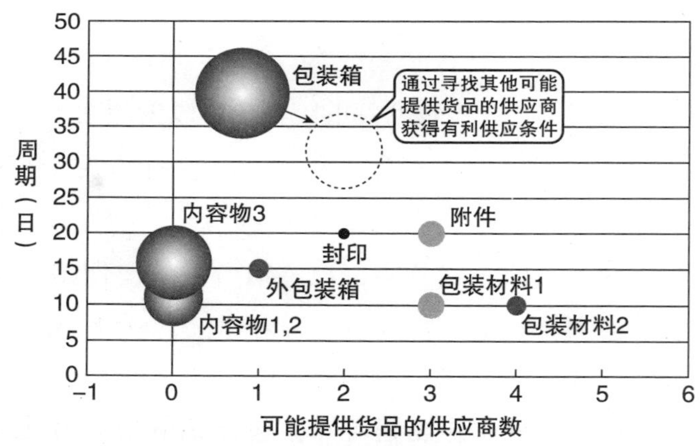

注：圆的面积表示各种物料制造成本的构成比率

图 5　供应条件和成本构成比率

对例图展开分析，绘制包装箱的圆最大，由此可知它是成本中重要的项目。 问题是它的位置，供应商只有一家，所以包装箱的周期也最长。 从采购战略来看可知包装箱这个项目的位置特殊。 例如，采用特购形式只向一家供应商发单时，包装箱当然处于这种位置。 从这个分析可知：如果通过寻找其他可能提供货品的供应商（或通过更换规格使其他供应商也能供货），促使供应商之间竞争，就可能探讨找出有利供应条件的企业战略。

此外，在内容物中，内容物 3 的成本最高，周期也更长（内容物属于内制项目，所以供应商为 0）。 关于原因可以设想几种，或者是内容物 3 需要某种特殊物料，导致周期延长、售价高；或者是需要某种特殊的制造工序等等。 对此，例如可以考虑通过检查原料分配或制造工序设计等，使内容物 3 的制造周期接近内容物 1 和 2，围绕这些方法可探讨怎样使内容物的供应条件达到均衡的企业战略。

Q4　各零部件、物料在总库存金额中所占的比例

最后，让我们一起看看各零部件、物料在总库存金额中所占的比例。 从图 6 的数据可知，包装箱的总库存金额为 70%以上，以绝对优势占最高比例。 根据成本构成比一样可知，包装箱的单价高，供应条件差，所以其总库存金额高的情况难以避免，但是，这样高达 70%以上还是有问题。 回顾之前的分析结果，设定安全库存的同时确保了内容物和其他

采购品处于中间程度以上的高水平，而且安全库存确保率为75%，处于过剩状态。所以，对存在“成本冲击”的包装箱，有必要重新检查库存管理的设定标准。

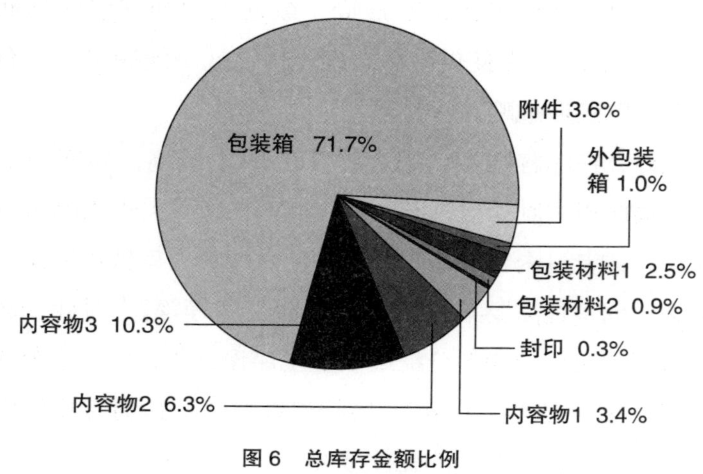

图 6 总库存金额比例

总结

以上，我们以 BOM 为一个独立单位对抽样数据展开分析。分析中涉及的指标和图表都是特别简单的例子，但是，通过分析 BOM 文件，相信大家注意到在分析个别零部件和物料时出现了很多问题。BOM 在作为信息集线器发挥功能的同时，对物料管理而言，它还是一种有效的必备分析架构。希望大家能清楚地了解到这一点。

后记

本书是作为2000年春出版的《革新生产排程入门》一书的续篇出版的。前作以面向社会读者群的大学培训教材为中心而策划的，本书则采用由讲师亲自深入企业，面向企业工作组公开授课的形式。

设置这种虚构形式的原因是为了避免如第1章第1项……之类教科书式呆板教条的格式，同时也希望能展示一些企业在现实情况下常出现的讨论的场景。这种尝试能否获得成功，只能交给读者诸位去判断。

前作付梓后不久，我即启程前往欧洲的某企业赴任，在那里协助构建电子供应机制。虽然没有像预期那样完成全部目标，但我曾面临各种困难，其中之一是对从设计经采办再到现场组装的物料清单进行统一操控。仅从订购方和厂家之间理解的差异来看，看似相近，实际上却像不同语言之间的会话。

其中，我注意到一个基本原理：处于供应链过程中的采办和供应，除了需求方要求的规格和制造方供应的对应问题之外，别无其他。由此可知，BOM 本身正是物料管理的根本。只要对这一点理解得不正确，就无法实现供应链管理。

令人不解的是，世间几乎找不到与 BOM 相关的综合性理论专著。于是，当本书的责任编辑向我提出这个问题时，我产生了尝试挑战本书的想法。但是，在书籍执笔过程中，与“先思考后行动”相比，我属于那种“边思考边行动”类型的人。这一点想必给合著本书的山崎先生带来很多不便。

本书的第 4 章、第 10 章、附录和各章图表大约一半的内容由山崎氏执笔，整体构成和其余内容由我负责。如果全书的归纳内容显得单薄，那一定是我的责任。

本书到付梓为止曾得到很多人的协助，特别是我的同事玉川氏和入江氏。他们向我详细介绍了很多关于汽车产业的内容，特此铭记以示谢意。

此外，与前作相同，笔者利用大量的休息日和夜间的时间埋头执笔，常常忽略了对家人的关心。如果没有家人的理解和支持，本书将难以完成。在此对笔者双方的家人再次表示谢意。

本书如果能为读者在实际工作中提供一些参考，我们将感到不胜荣幸。

佐藤知一

2004 年 11 月　于横滨